Respira.
Es el destino

Escrito por:

Anna G. Morgana

"He escrito sobre tantos sentimientos, tantas veces a solas, como si fuera el mayor de los secretos, el cual tuviera que proteger hasta mi último aliento... que para mí este libro es algo más que desnudar mi alma. No obstante, te doy la bienvenida y te agradezco humildemente que me acompañes".- Anna G. Morgana

Quisiera agradecer y dedicar este libro a todos los que creyeron en mí, por inspirarme y a los que no creyeron, por hacerme fuerte. A mis musas, a mis ángeles (y a mis demonios) y a mis guías. A mis amores y mis desamores. A mi tesoro con nombre de isla, a mi fruto prohibido, a mis amigos y a mis familias, la de sangre y la energética.

A Dante, Woody, Lupi, Chlana, Morgi, Linda y a los demás "enanos" por dedicarme una sonrisa y su bondad, en los momentos más duros.

Y por supuesto, a ti, Morgana.

Índice

Respira, es el destino

Anna G. Morgana

Introducción.

Este libro va dedicado a la persona que está ahí, al otro lado de la página. Tú, que estás leyendo en estos momentos, estas líneas, preguntándote, "¿se refiere a mí?" Pues sí, me estoy refiriendo a ti, y es que no sé si serás de mi misma opinión, pero según yo lo veo, la VIDA (y así con mayúsculas, porque ella se lo merece en su eterno presente) es tan inmensa que hay circunstancias en las que los sentimientos te desbordan. Te ves con la necesidad, de plasmar todos esos sentimientos, y para ello no hay nada mejor que el arte, en ocasiones es gracias a la música, otras a la escritura, otras a la fotografía. Y en ocasiones, el ARTE se presenta cuando, estás frente a las personas que quieres, tu familia, tus amigos, tu pareja o incluso completos desconocidos, y te pones a hablar de la vida, compartiendo experiencias. Llega una edad en la que recuerdas tu infancia, cuando veías a las personas mayores tratando "de arreglar el mundo" con sus "conversaciones filosóficas" y tú los mirabas y pensabas "¡qué aburridos que son estos viejos!" y si eres una persona honesta, podrías darte cuenta, que ahora que tienes cierta edad, lo que hacían y lo que haces, tampoco es tan diferente. Y es que, aunque quieran borrar esas "viejas costumbres", estamos aquí para compartir, conversar, reír, y quizás para tratar de "salvar" el mundo, todos a nuestra manera.

En ocasiones cuando tu vida da un giro radical, y comienzas una "nueva experiencia", son tantos los cambios que, si te paras por un segundo delante de una libreta, o de un folio en blanco, tu mano se verá forzada a relatar los sentimientos de tu corazón y los pensamientos de tu mente. Eso es lo que me ha ocurrido a mí, y por lo que he decidido escribir y publicar este libro. Soy muy consciente de que no soy la mejor poeta de la historia. No es algo que pretenda. Soy una persona normal, como tú, pero he decidido que, si de algún modo mis poemas pueden llegar a una persona y hacerla sentir, ya habrá valido la pena este proceso creativo. Por no hablar, de si consigo inspirar a alguien con mis escritos.

Al fin y al cabo, estos poemas no están basados en horas de medir la métrica y la rima de cada uno de los versos, he dejado que mi espíritu transmutase esos sentimientos, a través de unas cuantas páginas. Mi vida cambió mucho en enero del 2015, cuando comencé a residir en Girona, después de haber vivido durante un tiempo en Londres (Inglaterra), donde dejé amigos, experiencias y otras muchas cosas que llenaron mi alma y corazón. Al principio pensé que no conseguiría sobrevivir a mi nueva situación, pero poco a poco fui encontrando a personas, lugares y momentos que me hicieron darme cuenta de que, frente a mí, tenía una nueva oportunidad para disfrutar, e incluso sufrir y sobre todo aprender. Porque la vida en sí es eso, un continuo aprendizaje.

Así que este compendio de poemas no es un estudio meticuloso de la lírica poética, si no mi camino hacia nuevas experiencias y lecciones de vida. Sin pensarlo, casi como si salieran por sí solas (creo que en muchas ocasiones fue así), las páginas en blanco se llenaron de palabras, que quizá con cierto sentido o no, me ayudaron a expresar lo que sentía y pensaba, sin perder la cordura en el trayecto. Cosa que ya es complicada en estos tiempos que corren.

Aquí encontrarás poemas dedicados a L'Escala, a mi fiel Girona, a mi amada Londres, a todas las personas que encontré en el camino, a todos los lugares que encontré en las personas, a mi tesoro con nombre de isla, a mi fruto prohibido, a mi hechicera y guía, a mis musas, a quienes rompieron mi corazón, a quienes me sostuvieron en la tormenta y a quienes provocaron dichas tormentas... en resumen, a mis alegrías y a mis sufrimientos. A mis ángeles y a mis demonios.

Espero que, de algún modo, alguno de estos versos, consiga llegarte al corazón y te acompañe en ese momento, en el que tal vez, quizás, sin darte cuenta o sin atreverte a pedirlo, necesites un abrazo en un día duro, o tal vez, una voz que te comprenda.

¿Qué te parece? ¿Te atreves a relajarte, leer y acompañarme por este sendero?

Pues ¡allá vamos! Tú tan solo RESPIRA... es el DESTINO.

Poemas

"Eres tormenta de verano y cálido Sol de invierno"

Al amor

"Yo siempre leal, aunque mi vida se vaya con ella,

mujer tan bella, poderosa, bruja y hechicera"

1, Ángel o Demonio.

¿Acaso alguien puede decirme
desde cuando los ángeles caminan entre nosotros?

Lo he oído mil veces,
"los ángeles y demonios caminan por la tierra"
Siempre pensé que esa era una fantasía,
hasta que te vi a ti, y la realidad se hizo palpable.

Una tarde de finales de noviembre,
en aquel que ya se ha convertido en nuestro segundo hogar.

Un grupo de desconocidos conversaban,
ajenos estaban de mis miradas fugaces.

Pero ellos se desvanecieron cuando te vi a ti.

Por el amor de los dioses y las diosas de cualquier creencia.

¿Cómo puede alguien poseer tanta belleza?

Ángel o demonio, eso sólo lo sabes tú,
pero en estos momentos que te escribo,
daría todo por ayudarte y llevarte a mi luz.

2, Tus Ojos

Tus ojos marrones no son aburridos,
tus ojos más que marrones,
están hechos de un ardiente fuego.

Tu mirada es el arma más poderosa,

¿acaso no me crees?

Tus ojos me hacen morir y vivir a tu antojo,

cuando se clavan en los míos.

Tus ojos me hacen olvidarme

de palabras y pensamientos.

Y te das cuenta y me sonrojo,

tratado de volverme a concentrar.

Una simple mirada de tus preciosos ojos,

esos que presentan alegría y misterios.

Esos ojos de gran poder y conjuros,

esos son los ojos, tus ojos brujos.

3, **Tu alma traviesa**

Tu alma traviesa,

y la vívida dulzura que desprende

me ha cautivado.

Y sin darte cuenta me has hecho poderosa,

porque cuando te hago sonreír y reír,

me siento fuerte y valiosa.

Tu risa es la música de la que jamás me cansaría,

y tu voz la melodía creada por la mejor orquesta.

Mi alma no se avergüenza de gritar que te ama,

pero se oculta entre estas páginas.

No te amo por tu cuerpo creado por los dioses,
con las formas perfectas en los lugares perfectos.
Te amo porque más allá de todo eso,
consigo ver tu espíritu divino, el alma pura que posees.
Cuando mi ser te conoció, yo ya te conocía,
desde hace milenios o quizá la eternidad.
Dijiste que tu alma se preguntaba también
porque yo no te era nada extraña.
Y desde aquí te digo, te veo.
Sí, yo te veo en su plenitud y te amo por ello.

4, Mi banco nevado

Hoy recordé aquel banco nevado,
lo tenía en mi memoria grabado.
Aquel rincón escondido y solitario,
tal cual mi alma siempre ha estado.
Pero hoy con el frío que cala mis huesos,
me gustaría volver a aquella noche,
me gustaría perderme en aquel banco.
Aquella tenue luz de farola,
que apenas conseguía alumbrarlo.
Hoy te llevaría a aquel paraje,
te escondería de todos y te daría la mano.

Te miraría sin descanso a tus bellos ojos,

y tras tiritar de frío y nervios,

te confesaría cuanto te amo.

Te abrigaría con mis brazos y mis manos

y te susurraría cuanto te he añorado.

Nunca comprendí aquel lugar mágico

hasta que me imaginé allí, y a tu lado.

5, Un suspiro

Estoy a tu lado y escucho tus silencios,

puedo escuchar los gritos de tu mente.

Suspiro aturdida y en voz alta,

me miras por si algo me ocurriera.

Sí, me ocurre, me ocurres tú.

Te miro de reojo y puedo ver tus alas de ángel,

vuelvo a mirar y veo tus ojos de infarto.

A tu lado no hay oscuridad, frío, ni olvido,

hay calor y un corazón latiendo sin sentido.

Me sigues mirando fijamente.

De nuevo se despierta en mí un suspiro,

una transición dolorosa entre lo que siento

lo que sientes, tu mirada, y yo huyendo.

Siento tu mano en mi muñeca,

no me dejas escapatoria, por eso te miro.

Y de nuevo... un suspiro.

6, En tan poco tiempo

En tan poco tiempo has llegado,

en tan poco tiempo me has enamorado,

en tan poco tiempo lo has logrado

en tan poco tiempo tanto has demostrado.

Llenas mi vida de sonrisas,

llenas mi vida de dulce melodía,

llenas mi vida de suaves risas,

llenas mi vida de nuevas fantasías.

De ti aprendo tantas cosas,

de ti me quedo con tu sabiduría,

de ti me quedo con tu paciencia,

de ti aprendí a ser yo misma.

En tan poco tiempo, llenas mi vida de ti.

7, Tú eres el lugar que extraño

Me pregunto si lo sabes,

no echo de menos ajenos lugares.

Porque encontré el paraíso,

y en tierras cercanas, lugares especiales.

Cuando nos miramos a los ojos,

es ahí cuando de repente lo sé...

Sé que no desearía estar lejos.

Mi lugar favorito es sujetando tu mano.

Mi momento favorito, oler tu perfume.

No echo de menos lo que ya no tengo,

echo de menos lo que jamás tendré.

A tu lado no respiro, y a la vez,

mis pulmones se llenan de tanto aire...

A tu lado me pongo nerviosa,

¿cómo no hacerlo mi ángel?

Tu esencia me trae los verdes parques,

tu mirada me trae los atardeceres,

e incluso me traes los extraños viajes.

Nunca lo explicaré, es imposible.

Mas amarte... fue fácil sentirlo.

Tú eres lo que tanto extraño,

y lo hago más al tenerte a mi lado.

8, **Tú eres más**

Ahora que conozco tu cabello,

decides que debes cambiarlo.

Ahora que conozco tu perfume,

decides que es otro tu elegido.

Pero tú eres más que tus facciones,

e incluso, si a mi parecer,

pudiera resultar del todo utópico...

tú eres más que esa suave mano,

ese sedoso tacto que encaja con el mío.

Eres más que la música celestial,

que desprenden tus susurros en mi oído.

Eres más que esos preciosos ojos,

oscuros, y a la vez, llenos de luz,

que consiguen clavarse en mis recuerdos.

Eres más y ese más me enloquece.

Eres más que esa sonrisa que enamora.

Eres más que un ángel sin alas

y acabas poco a poco con mi cordura.

Escribo palabras, versos y páginas enteras,

pero nada podrá captar tu verdadera esencia.

Porque tú... tú eres más.

9, **Brujería**

Acaricias despacio tu cabello

mientras hablas de brujería,

y me preguntas si creo en ella.

¿Cómo quieres que no crea,

si tu mirada me tiene embrujada?

¿Cómo tener el valor de no creer

en la brujería de tu sonrisa?

Tu alma es pura magia

tu voz, tu sonrisa, tu cuerpo...

tu espíritu es brujería.

Y aquí estoy yo pensándote,

estando tan cerca que duele.

Podría llamarte, podría escribirte

e incluso podría ir a verte.

Pero aquí estoy yo, imaginándote,

recordando el suave tacto de tu mano,

volviéndose cálido al tocarme,

una simple caricia me enloquece.

¡Brujería, brujería eres tú, alma mágica!

¿Y yo?

... Yo siempre fui bruja.

10, ¿Has oído alguna vez?

¿Has oído alguna vez esa voz?

La misma que se adentra sin reparo,

por cada una de las rendijas de tu ser.

Una voz con la capacidad y poder
de hacer llorar sin consuelo a tu alma,
a la vez que le hace reír a carcajadas.
¿Has oído alguna vez esa voz?

La misma que consigue llegar,
hasta el mismo centro de tu existencia,
te transporta a miles de años en el pasado,
y a la vez, viajas a miles de años en el futuro.
¿Has oído alguna vez esa voz?
La misma, que incluso hallándose lejana,
cierras los ojos y te acompaña al caminar.
La que posee dulzura, magia y sabiduría,
la voz de un alma poeta, de un alma barda,
la voz de un espíritu valiente y guerrero.
¿Has oído alguna vez esa voz?
Voz creada a consciencia de la misma materia
con la que se construyen los buenos sueños.
Una voz que canta con extrema ternura,
y conoce los secretos de la Tierra y del Universo.
¿La has oído alguna vez?

11, **Tu olor**

Me pregunto cómo lo has hecho,

que poco a poco mis pertenencias,

se han visto impregnadas con tu olor.

Alma reina de fábulas y cuentos,

alma pura, llena de brillante luz.

Consigues que el mundo se pare,

me atrevería hasta a afirmar,

pudiera jurar y de hecho lo hago,

que consigues que todo orbite así,

a tu alrededor, como si fueras el rey astro.

Sol de otro hemisferio, de otro firmamento.

Y es ahí, cuando vas y me salvas,

me sacas de las mismas tinieblas,

y brillo de ese modo, con mi propia luz.

Mi musa se desangraba asustada,

gemía y lloraba de puro terror,

miedo que en ocasiones tengo,

a perderte ya por definitiva, por siempre.

Y en vez de eso, consigues salvarla,

la elevas y le das aire puro y nuevo,

fuerzas más que renovadas e inspiración.

Batallas en campos ahora lejanos,

guerras en lo más hondo de mi corazón.

Le salvas la vida a mi musa y a mí,

a mí, me llevas a la completa locura,

impregnándolo todo con tu olor.

12, La hechicera

La hechicera que veo a través de mi ventana,

me mira con esa mirada peligrosa y enigmática.

Me pides que te la describa veloz, sin pensar,

pero no podría hacer tremenda temeridad,

porque si hay algo que resaltaría sería su peligro.

Y no es que le tema, que sí, lo hago,

es que sus ojos parecen clavarse en los míos

y no puedo describir que me asalta a la mente,

busco adjetivos a toda velocidad,

mi mente va de un lado a otro buscando que necesito,

como quien recoge sus cosas en un incendio,

pero no hay palabras mientras las chispas abrasan.

De nuevo, me quedo sin idiomas y sin lenguajes.

Me repito y lo sé, pero debo actuar rápido.

Parece que ya se fue, siguió su camino.

Apago el incendio y encuentro de nuevo,

mis palabras y frases con sentido.

Dibujo una sonrisa en mi rostro,

y sigo como siempre,

como si nada hubiera ocurrido.

13, Hoy

Y te miro y me escondo

y te miro y me envalentono.

Y no es que caiga en tus redes,

es que veo tus alas alzando el vuelo,

y miro a lo alto, donde brillas,

y supongo que hasta el sol te envidia,

a pesar de que hasta a él le iluminas.

Y no te amo, eso se queda corto.

No espero nada a cambio,

¿quién esperaría algo más?

Yo no, desde luego, no lo hago.

Me basta con tu feliz sonrisa,

aunque sea a través de una fotografía

y nos separen los kilómetros.

Y algún día, tal vez, buscaras respuestas,

yo no las tengo, en mí no las hay.

Toda mi vida tratando de controlar,

toda mi vida tratando de comprender,

estoy agotada de eso, cansada del ayer.

Hoy sólo quiero sentir esto,

sentir como me llenas el alma,

sentir como se dibuja en mí una sonrisa.

Hoy no pienso, hoy siento,

hoy no calculo, hoy escribo,

no sigo las normas, las rompo todas.

Hoy soy mucho más yo, que ayer,

hoy soy mucho más yo que yo.

Hoy siento... luego existo.

14, **Morgana**

En la oscuridad del mundo,

rodeada de velas por doquier,

me dejo envolver por su cálida luz.

Mi mente cruza los puentes,

y me veo de nuevo a mí, y te veo a ti.

Y veo castillos de oro y un blanco pálido,

puro y limpio cual tu vestido.

La dama me acompaña, y sigo sus pasos.

Veo de nuevo el lago, con sus cristalinas aguas,

bebo de ellas, mientras mi dama me sonríe.

Su melena oscura, como el cuervo que la acompaña,

pone una mano en mi hombro, y me protege,

vuelvo a casa, cada noche con ella.

La más poderosa de las guerreras,

tan injustamente castigada por la deslealtad,

de una historia sin alma y sin magia.

Yo siempre leal, aunque mi vida se vaya con ella,

mujer tan bella, poderosa, bruja y hechicera.

15, Mi tesoro con nombre de isla

Le canto a los kilómetros y al abismo que nos separa,

a veces parecieras ser alma de otros tiempos y espacios,

sin embargo, sólo son kilómetros y millas.

Y aún recuerdo tu pelo negro y el suave tacto de tu mano.

Quedé embelesada de otros encantos aquel día,

mas sin embargo es a ti a quien recuerdo,

con afecto, con cariño, y en ocasiones con posesión,

ya no quiero ocultarte yo nada.

Quizá pudiera resultar imposible de un día volverte a ver,

pero tu nombre de isla siempre me acompañará,

te guardo como un tesoro, mi pequeño y encantador tesoro.

De mirada penetrantemente oscura,

y de gestos aún un tanto infantiles,

sujetaste mi mano y pareciera por un segundo,

que no quisiéramos dejarnos marchar.

Sentiste el escalofrío que sentí yo,

me temo que es algo que no pudimos ocultar.
Por un momento, la multitud que nos rodeaba,
había desaparecido por completo,
por un segundo, sólo existías tú.
Y te aseguro que quise que el mundo desapareciera,
porque en aquel momento nada más importaba.
Mi rebelde sin causa, mi friki con encanto,
causante de mi locura y de mi instinto protector.

16, ¡Qué se calle el mundo!

¡Qué se calle el mundo por un instante,
qué se pare todo durante un momento!
Necesito pensar un segundo, nada más,
mirar durante un segundo el firmamento,
sentir la cascada cayendo en mi piel.
Es lo mismo la hipérbole de la noche,
que tus sueños reflejados en los míos,
que mi alma más sincera en ti busca,
senderos de montaña y arena severa,
más eres agua que alivia mi sed moribunda.
Y a veces te veo en la lejanía profunda,
y miedo me da perderte, en el abismo,
de la distancia que nos separa cruelmente,

y me dicen cuanto me echas de menos,
pero no hay rastro ni prueba en mi vida.

Y el mundo gira rápido, las horas en días,
los días en meses y tú cada vez más adentro,
más dentro de mi alma, en este carrusel,
que gira a lo loco, y vértigo me da.
Ansias de ti, ansias del firmamento.

17, Que no dejes nada

Tú ya lo sabes, tal cual lo sé yo, no sabré quererte, no lo haré.
Perdiéndome en esa sonrisa y adentrándome en tus bellos
ojos.
Embelesada por tu voz dulce y tentadora, tan experimentada.
Me recuerdas tanto a quien me rompió en dos.
Y no tienes ni idea, porque sólo eres como eres.
Sólo eres tú, en su infinita exponencial.
Y sin embargo me lo robas todo,
con tu sola presencia, tan cálida.
Y no dejo de pensar, que te pareces tanto...
A ese cabello dorado y a esos ojos traviesos,
que consiguieron cautivarme completamente,
antes de partirme por la mitad... en pedazos.
Y me digo a mí misma, que no quiero quererte,

porque conozco los peligros que escondes,
Podrías dejarme al amparo de la tormenta,
y sin nada más que mi propio ser para cobijarme.
Mas aquí estamos frente a frente, tras la pantalla.
Y me entran ganas de gritarte que me robes lo que quieras,
que me dejes sin aliento, mientras yo te sigo escribiendo.
Que poseas mis versos y mis letras, que lo cojas todo.
Que no dejes nada...

18, **Hay ángeles y ángeles**

Dicen que, si quieres a una rosa,
has de dejarla ser, sin cortarla,
sin desear que cambie para ti.
Dicen que el amor es apreciación
y nada tiene que ver con la posesión.
Dicen que llega a todos los sitios,
desplegando sus alas de ángel,
con una aureola de luz brillante,
que podría cegar a cualquiera
que no estuviese acostumbrado.
A mí me ocurría antes de conocerle,
me perdía en mis sombras oscuras,
dejándome abrazar por ellas,

hasta que su luz las aniquiló,

desaparecieron a mi alrededor.

Y es que ángeles los hay a miles,

está aquel ángel bondadoso,

que te hartará de regalos,

hasta llevarte a su reino de hadas.

Pero no debes creerle, no cometas el error.

Está aquel ángel silencioso,

que permanecerá bajo las alas de otro,

por un momento pasará inadvertido,

mas, sin embargo, jamás serás capaz,

ni de olvidarlo, ni de dejar de amarlo.

Está aquel demonio que se hará pasar por ángel,

te ocultará sus sombras psicópatas,

bajo un cuadro de imagen tierna,

y después te apuñalará una y otra vez.

Te costará un mundo, sanar esas heridas.

Está el ángel que sólo una vez hallarás,

que por un segundo te sonreirá,

y te bendecirá con sus palabras,

jamás volverás a verle,

pero siempre te acompañará su recuerdo.

Y luego está el tipo de ángel que eres tú,

sin descripción, sin prospecto,

tan sólo tú, siendo tú, sin más y sin menos.

Como esa rosa que no debo cortar,

pero que apreciaré y honraré en mi camino.

19, La niña isla

Mi tesoro con nombre de isla,

mi recuerdo más preciado.

Su alma se adentró tanto en la mía,

que lo físico quedó apartado.

Aún recuerdo cómo me miraba,

alargaba los brazos y suspiraba,

estaba aburrida y yo extrañada.

El mundo la veía y pasaba de largo.

Sin embargo, después de años,

su recuerdo no se fue de mi lado.

Me temo que nunca jamás,

voy a saber, ni querer que se vaya.

Y es que la guardo en mi corazón,

con llave, con espadas y escudos.

No sé cómo acabó consiguiéndolo,

pero derritió mi corazón que en parte es suyo.

Es lo que siempre quise,

pero antes que nada la deje marchar,

porque ella es el tesoro con nombre de isla,

y yo sólo el barquero, que siempre,

se asombrará al llegar a su orilla.

20, **El ángel y la libertad**

Y en esta vida me arrepiento de tanto,

y entre todo, el no saber amarte.

Perdí tanto tiempo engatusada,

por los encantos de aquel ser,

con apariencia etérea, de ángel

e interior sombrío y confuso,

que no fui capaz de verte y apreciarte,

te miré y pasé por alto,

incomprensible ahora para mí,

me gustaste desde el primer momento,

mezcla de inocencia y travesura,

pero me obsesioné de otro ser,

de melena dorada y amplía sonrisa,

que me encantó con regalos.

No comprendí que el mayor regalo

era tu presencia, tu sonrisa,

el tacto suave de tu mano con la mía,

y esas ganas tan tuyas de ser libre.
Me acabaste contagiando tu libertad.
Lamento no haberme dado cuenta antes,
quizá si lo hubiera hecho,
si hubiese sido valiente y brava,
como pediste algún día,
ahora te tendría aquí, entre mis brazos.

21, **Diosa de fuego y pasión**

Todo en lo que puedo pensar,
en este breve y fugaz instante,
es sentir tu mirada clavada en mí,
mirada inspiradora, que hace años,
ya se clavó en mí, y movió mi mundo.
Querría que me dedicaras una de tus sonrisas,
preciosas y suaves, como nubes de algodón.
Escuchar tu mágica voz, tan especial,
que hay quien no logra apreciarla como merece,
porque no todos estamos preparados para captar,
cada matiz, cada sensación que ella sola provoca.
Tú, diosa de fuego y pasión,
que alumbras mi camino y eliminas las sombras,
desde el primer instante en que cruzaste mi vida.

Aunque parezca que vaya a caer en la oscuridad,

en el más oscuro y frío de los abismos,

tu voz de fuerza sobrehumana,

se adentra en mi corazón y me hace sonreír.

Me haces sentir que mis sueños están tan cerca,

que, si abro los brazos con ganas,

podré tocarlos con las palmas de mis manos.

Sueño con algún día y que, para siempre,

consiga hacerte feliz, borrar tus lágrimas.

Podría convertir en amor todos esos instantes,

que, aunque el destino nos haya separado,

tú has logrado romper barreras y estar a mi lado.

Un día prometí que no tiraría la toalla contigo,

y vuelvo a decirlo al cabo del tiempo, una vez más,

cada vez más segura de mis palabras.

Más allá del amor, la amistad, el odio o el rencor,

tú abres tus alas para recogerme en ellas,

protegerme y servirme de guía.

Llevarme al lado de mis sueños,

para así poder cumplirlos.

22, Me es fácil amarte

Me es tan fácil amarte,

te veo y te observo, desde aquí,

asombrada por tu luz,

el calor que desprende tu ser.

De apariencia angelical,

más divina travesura,

que se escapa por tu piel,

por tus ojos, por tu ser.

Y te amo sin medida,

en ocasiones, tan sólo mirarte,

se me escapan las lágrimas,

observando tanta belleza.

Eres motivo de sonrisas,

y de nuevas fuerzas adquiridas,

arrepintiéndome del pasado,

donde estuviste, más no lo aprecié.

Eres el poder de una guerrera,

las fuerzas de un nuevo desafío,

la aceptación de ser diferente,

y el amor para querer serlo.

23, **Estúpida engreída**

Nublada tenía la vista,

por las cenizas de un mundo,

que se había llenado de falsedad,

de la droga más salvaje,

lleno de mentiras que creí,

por no creerme a solas

y desamparada ante lo que vivía.

Mas iluminaste mi camino,

otra vez, como aquel día,

creo que nunca te dije,

lo mucho que me importabas.

Porque en ocasiones,

soy una estúpida engreída,

engatusada por lo falso,

por las promesas en vano.

Intentando evitar dolores,

miedos y apuros,

terrores nocturnos,

esos que me hablan de desaparecer,

pero ya no los creo, mi ángel,

mi demonio, o mi gran musa,

porque tú, a pesar del trato,

injustamente recibido,

apareces, una, dos y mil veces,

en mi vida, en mis sueños,

en conversaciones sorpresa,

enviándome la luz que desprendes,

y me hago notar, como tú hiciste,

y me arrepiento, de tomar,

quizá la pastilla equivocada,

la elección incorrecta,

porque si hubiera mirado un poco más,

hacia la derecha, hacia tus ojos de ángel,

y tu sonrisa traviesa,

me hubiera dado cuenta de lo que era,

lo real, la verdad, y no la mentira.

Te sigo, sin remedio,

pidiéndole al destino de rodillas,

volver a ese día, hacerlo diferente,

o quizá, sólo quizá,

un nuevo día en que no cometa,

el error de que me seas indiferente.

Porque no lo eres,

eres respuestas, eres luz,

eres real, y no fingida.

24, **Miedo al sentimiento**

Tu mano en mi espalda,

sutil contacto que quise olvidar,

no porque no adorase el momento,

si no por miedo al sentimiento.

Miedo a despertar ante ese contacto,

miedo a sentir que lo había encontrado,

mi lugar, el lugar donde pertenecía.

Y después tu sonrisa, tan familiar,

tan peculiar, limpia y pura.

Hace tiempo que aconteció,

el destino te puso delante de mí,

el infinito se confabuló a mi favor,

para sentir tu mano en mi espalda,

para recibir tu sonrisa,

y esa mirada que se clavaba en mí,

y que yo rehuía,

me centraba en otros ojos,

para no ver lo que tenía enfrente,

para no entender los susurros de la gente.

25, Le perteneces al aire

Y te observo entre sueños,

adormecida entre sábanas de seda,

y mecida por los rayos,

cálidos, del astro rey.

Parecieras dulce doncella,

más despiertas y me miras,

con esos ojos brujos, mágicos,

y tu sonrisa de reina.

Me abrazas, no deseas

mi partida, una nueva despedida.

Pero sabemos que debemos marchar,

no me perteneces, ni tu vida,

quizá la brisa me traerá tu perfume,

o nos veremos en algún rincón

de esta ciudad de portales,

pero le perteneces al aire,

le perteneces a él,

y yo sigo mi camino.

26, **Antes y Siempre**

Te he querido,

te he querido siempre,

saliese el sol o lloviese.

Hada, guerrera y maga,

dueña de la llave eterna,

nacida del lago mágico

y forjada en mil batallas.

No eres mía, ni lo pretendo,

sólo quiero que me des la mano,

para caminar juntas por el sendero.

Mirada de salvaje misterio,

a ti te cuesta expresar sentimientos,

y a mí me sobran las palabras,

pero haces que me falte el aliento.

No nos pertenece nada, ni nadie,

pero tú me ganaste con tu sonrisa,

te he querido antes y te querré siempre.

27, **Mi sentimiento y yo**

Mi sentimiento y yo, tu alma y mi vida,

a la soledad de esta, la inmensa locura,

de no tenerte, le resto las risas a tu lado,

cada vez que, sin pretenderlo, me miras,

y descubro la inmensidad de los océanos,

allí, a tu bendito costado.

La prohibición de amarte,

y mi rebeldía de seguir haciéndolo.

Y es que es la misma rebeldía de mi alma,

la que me cuenta que perteneces al viento.

28, **Campo de lavanda**

Tus ojos lo ven, mi alma lo siente,

perdida en el campo de lavanda,

donde relajación encuentra mi alma.

Entre la periférica de la ciudad,

que gris y marrón se hace notar,

se hallaban mis pasos perdidos,

hasta que entre en la primavera,

de tu cálida pradera,

llena de colores, envuelta en la aurora.

Y a pesar de los pesares,

de que mis pasos a veces no alcanzan,

ni la pradera, ni las flores,

ni se alza mi cuerpo entre las verdes ramas.

Mientras lo observes,

lo traerás a mi memoria.

Quiero que los pájaros canten,

por eso te dejo libre,

cierro los ojos y capto la esencia,

el aroma, la fragancia

de la pradera de ensueño.

Regálame tus colores,

que reposen entre mis versos,

entre la simbiosis eterna,

de lo tuyo y mío.

29, **Mi perversión**

Tú, mi perversión,

mi dulce y amado pecado

te encanta tentarme,

que caiga en las delicias que nos encantan.

Confiesas que todo vale la pena,

si consigues hacerme pecar,

pero no te das cuenta de algo.

Y ahora me toca confesar...

¿Pecar? ¿Pecar, me dices?

Yo ya peco cada vez que te miro,

y cada vez que te veo sonreír.

Yo peco al escuchar tu voz,

que arrastraría a cualquiera a la locura.

Tú sigues jugando traviesa a tentarme,

sin darte cuenta que con sólo tu presencia

ya me haces delinquir.

30, Y aún hoy...

Estás hecha de noches

y oscuras fantasías

de mantos de estrellas

y de cielos nublados.

Eres tormenta de verano

y cálido Sol de invierno.

Eres aire, tierra, agua y fuego.

Te hayo entre los velos,

te me escondes a la vista.

Niña de bella travesura,

mujer calmada y adulta.

Eres Diosa y eres bruja,

eres viajera del tiempo.

Chispa pura y divina.

Atravesando el infinito,

nos hemos vuelto a encontrar.

Y aún hoy... yo te quiero.

31, Aunque ella no lo sepa

Está loca, al menos eso decían,

se divierte en el vaivén,

en su baile de idas y venidas.

Dispuesta a los desacuerdos

en las cosas más sencillas.

En ocasiones, simplemente, aparece,

entre un océano de gente,

cuando menos lo esperas

y te desnuda con una mirada.

Y se va tal cual llegó,

sin avisar, y sin ninguna pista.

Se cree un hada mágica,

pero para mí siempre fue bruja.

Una mano suya en la espalda,

te arrebata los secretos,

una de esas sonrisas suyas,

puede devolver la vida.

Un amor violento y hostil,

el que se esconde entre cristales.

Puse este amor en la guillotina,

tantas y tantas veces, quise destruirla,

pero justo en ese instante,

el hada hace brotar su ternura.

Y me quedo a medio camino,

entre el fuego y el hielo, arder o helar,

y se me saltan las lágrimas a borbotones,

por tratar de abarcar su esplendor.

No me creo este jodido milagro,

de encontrarnos vida tras vida

y busco respuestas entre las cartas,

pero está hecha de puro misterio,

y ahogo mis penas entre risas y amistades.

Nunca mía, siempre lejos,

mi independencia rebelde, la busca,

en los rincones de esta bendita ciudad,

tan suya y nuestra, testigo de la historia.

Quiero asegurarme de que la olvido,

y su perfume comienza a perseguirme,

mientras su mano se graba en mi brazo,

como fuego perpetuo, aunque ella no lo sepa.

32, La poesía y sus misterios

Dicen los sabios,
que todas las cosas tienen su propio misterio,
y que la poesía los abarca todos.

Pues bien, entonces espero que me creas,
sólo debería escribirte a ti,
dueña de los misterios del universo,
conocedora de los acertijos
que siempre ha ocultado mi alma
al contacto con la tuya.

Misterio hecha mujer,
mujer hecha leyenda.

La poesía se esconde traviesa,
entre los pliegues de tu piel desnuda,
y en ese cálido océano de misterios,
que tú, mi diosa, escondes en tus ojos.

33, La de las mil máscaras

La dama del misterio,
la de las mil máscaras,

la que no comprenderás,

porque jamás te dejará.

Esa que guardas en tu memoria,

ya no es ella, ya se fue,

dejo atrás la primera máscara,

pero tiene novecientas noventa y nueve más.

La princesa de cuento de hadas,

la guerrera de los mil montes,

la villana reina de las nieves,

la dueña de todo lo que ves,

la amante forjada en fuego,

la amiga a tu lado fiel,

la que huye de su sentimiento.

Yo conozco sólo unas pocas,

pero tiene novecientas más.

Nunca vas a conocerla,

pero siempre a amarás.

Porque es la dama de las mil máscaras.

Y cuando quieras darte cuenta,

ya te habrá atrapado, serás rehén

en sus sedosos velos de misterio.

La sirena de la voz dulce,

la pirata que todo te robará,

el hada del bosque encantado.

Y si tú crees conocerla,

de seguro no lo harás,

jamás deberías olvidar,

que ella es la dama de las mil máscaras,

la que siempre vas a amar.

Al destino

"Te he conocido desde hace una eternidad"

1, Las estrellas y el firmamento

Me paró a mirar al cielo,

las estrellas, los universos,

sé que crees que ellos nos influyen

yo también lo creí siempre.

Pero ahora más que nunca,

me sorprendo hablando con ellos.

Me preguntó si habrá alguna formula

para explicar este sin sentido.

En un universo infinito,

de infinitas realidades.

¿Quién se confabuló para ponerme a mí,

delate tuyo, sin avisos, sin anunciarlo,

para que te cruzarás en mi vida?

¿Serán ellos que siempre velaron

por ti y por mí para encontrarnos?

2, Almas gemelas

Me preguntas si creo en las almas gemelas,

mientras clavas tu mirada en mi mirada.

De veras ¿aún debes preguntarme que si creo?

¿Aún no lo has visto?

¿Te has parado detenidamente a observar,

como mi mirada llega a tu alma,

se adentra en la oscura selva

en el cielo repleto de infinitas estrellas.

Llega a la playa donde nos conocimos,

no hoy, ni ayer, si no hace milenios?

Te he conocido desde hace una eternidad.

Desde el antiguo imperio Romano,

desde las viejas tierras de una Atlántida perdida.

En esta tierra nuestra y en otras lejanas,

desde el cálido Barsoom al cambiante Meridian.

Te he sostenido la mano, tantas y tantas veces,

que podría dibujarla aun con mi mirada velada.

He acariciado tu cabello, hasta notar el tacto

de cada fibra a kilómetros, ¡cuánto anhelo!

Almas gemelas dices, pactos sagrados y akáshicos

tiempos infinitos y un fuego eterno.

Tú y yo, la eternidad y el misterio.

Pasado, presente, futuro... almas gemelas.

3, **Namaste**

Mantenemos nuestros espíritus en alto,
atravesando los malos momentos.
Me gustaría tenerte a salvo en mis brazos,
mientras las tormentas persiguen nuestros pasos
pero estos mensajes tendrán que bastar.
Y sé que no lo hacen y enloquezco.
Te miro y no sólo te veo a ti,
veo otro tú, en aquel campo de batalla.
Como hoy, la vida nos traía tormentas
y tú y yo afilábamos nuestras espadas.
Al fin y al cabo, siempre hay momentos
en los que luchar, en los que vivir.
A mi mente llegan miles de momentos
Aquellos que compartía junto a ti.
Y ahora estamos tan cerca y tan lejos,
trato de adaptarme, pero es que lo veo.
Más allá de todo, más allá de lo que debo.
En aquel verde campo te recuerdo.

4, **En mi banco y con mi musa**

En mi banco y con mi musa,

que me sonríe con afecto,

e impregna de vida a mi lápiz,

y mueve mi mano sin descanso.

La musa me habla sin apuros,

de las maravillas que observó,

de pasado y presente, del futuro.

Me cuenta cosas de ti y de mí,

de cómo dos antiguos extranjeros

llegaron a la misma tierra,

ajenos a que se iban a conocer,

y extraños, se descubrieron,

aquel día, aquel atardecer.

Me cuenta como esta historia,

aun curiosa, pudiera ser eterna,

viviendo el aquí y el ahora.

La musa da lugar a la brisa,

que me trae susurros de gentes,

de otros tiempos y lugares.

Me dice que sin dudarlo lo afronte,

nadie es mejor que yo en ser yo misma.

Al lado de mi musa me siento invencible,

me siento imparable y guerrera.

Le permito luchar a mi lado,

y la dejo dormir a mi vera.

Y aquí sentada me quedo,

en mi banco y con mi musa.

5, **Al leer tu nombre**

Al leer tu nombre lo acaricio,

paso mi dedo tembloroso,

por las letras que lo forman,

ese nombre tuyo, de ensueño.

Y por un momento eterno,

esa caricia trae a mi mente,

las curvas de laderas lejanas,

los ríos llenos de pura vida,

y las estrellas, el firmamento estrellado.

Lugares lejanos e inhóspitos,

tan conocidos por mí alma,

como las palmas de mis manos.

Imposible de describirlos,

por más que me lo pidieses.

Describir lo que es perfecto,

con palabras mundanas.

No, no voy a conseguirlo.

Debiera primero, asegurarme

de inventar un nuevo idioma,

especial y cargado de maravillas.

Describir mi sueño dorado.

Mi lugar sagrado y protegido.

El escorpión protege el lugar,

que el león desearía reinar.

¡Qué león más absurdo!

Que encontró en la lejana selva,

la luz y colores de aquel salvaje lugar.

Y allí se enamoró del riesgo,

de aquel peligroso escorpión

que secretamente allí se hallaba,

aguardando en las sombras.

Y todo ello surge en mí,

con tan solo acariciar tu nombre.

6, ¿Estás segura o me acompañas?

La falta de tiempo y espacio en aquel lugar,

un vacío negro y abismal ante mi vista

y mi miedo a desaparecer entre tanta negrura.

Mi mayor miedo desde hace ya tantos años.

¿Te das cuenta de lo que significa

que tú y yo tengamos el mismo miedo,

esa sensación de falta de espacio y tiempo?

Respira hondo y mira hacia ambos lados.

¿Estás segura de la existencia de ese lugar?

¿No es curioso que tú y yo veamos lo mismo?

Tal vez si respiramos hondo e irradiamos luz,

si miramos bien, nos encontraremos allí.

Y si hubiese espacio para ti y para mí,

¿seguro que se trata de un espacio vacío?

¿Y no dicen que la luz acaba con la oscuridad?

Entonces, ¿estás segura de que aquello existe?

Ella me habla de ti desde hace tiempo,

me contaba historias de ti antes de conocerte.

Entonces, ¿tiene de verdad, un límite el tiempo?

¿O es la oscuridad que nos quiere hacer caer?

Mi conexión contigo me hace querer protegerte,

y eso pocas veces lo he sentido, así que no sé,

cuando hallas la aurora boreal en los ojos de alguien,

incluso antes de hablar con esa persona...

¿Cómo vas a pensar que donde hay auroras

y una estrella fugaz se estrella contra tus ojos,

puede también existir el vacío y terror absoluto?

Yo lucharé contra esa oscuridad, y tú... ¿me acompañas?

7, Bajo el viñedo

Me pregunto si hubiera manera alguna,

de que de mí dejen de emerger los brotes,

que como palabras se plasman en las hojas

y como fuego se tatúan en mi alma.

Miedo a perderte mi cuerpo tiene,

mas me has acompañado siempre,

mucho más allá de la muerte.

Perecedera la dama blanca, ya inexistente.

Mas cuando tus brazos rodeándome me tienen,

un suspiro y un alivio mis labios derraman,

porque te quiero sin poder quererte,

más con ello se conforma mi alma.

Que me habla sobre que, en algún lugar,

presumiblemente en otra vida, en otra era,

inseparables éramos, mas no como ahora,

mas así pareciera que hubiera sido siempre.

Y desde una humilde morada de hormigón,

llega mi mente a tierras de un verde húmedo,

tu mirada, esa que en siglos no cambió,

me mira esperando una respuesta bajo el viñedo.

Y yo despierto acalorada y causando mis sonrojos

por conversaciones de las que no debiera ser testigo,

pero aparecen en mis sueños al cerrar los ojos,

y cuando los abro, aún permanece allí un vestigio.

8, **Puerta a las estrellas**

Miro de soslayo, medio valiente, medio cobarde,

y me pierdo en la infinidad del cosmos,

llego a la luna, madre de las estrellas,

la veo acunarla, le siguen mis esperanzas.

Pareciera durante toda mi vida,

que el cielo estaba lejos al igual que las esferas,

pero hoy miro de soslayo y escapo de las fronteras.

El firmamento más cerca que nunca,

mi cordura más lejos está.

Y es que mientras ellas hablan descaradas,

yo me pierdo observando en mi quietud,

que otros ojos me siguieron en mi mirada.

Y es cual infinito universo se presentase delante.

Observando supernovas y planetas de diamantes.

¿Llegaría alguna vez a Marte y sus desnudas

y áridas montañas de misterios sin resolver?

Mas ¿desde cuándo existe una puerta estelar,

tan cercana, para poder viajar con el alma?

Y vivo y vibro en las alturas, sin paracaídas,

con miedo o no a caerme, dependiendo del brillo,

del calor que encuentre en ese universo,

de fuerte coraza y trabajado y suave lino.

9, **Despierta y recuerda**

Almas mas que una,

son varias las vidas que viven

y entre ellas las muertes conciben,

que no son agradables algunas.

De hecho, recuerdo la crucifixión,

y recuerdo cuando me cortaron la cabeza,

y recuerdo ser empalada y disparada.

Y recuerdo estar abrasándome en el fuego
de aquel templo que una vez fue de ensueño.
Recuerdo todo quemándose a mi alrededor,
alaridos de animales y personas,
mi familia, mis amigos, todo se quemaba.
Y recuerdo como sujetaste mi mano.
Ya no había escapatoria, ni para ti, ni para mí.
Había llegado nuestra hora, y el tiempo
más que quedarnos, brillaba por su ausencia.
Mi cuerpo temblaba de terror, te iba a perder,
te iba a perder para siempre, no podía salvarte.
Pusiste tu frente en mi frente y me miraste a los ojos.
No había necesidad de palabras, ni de promesas.
En tus ojos estaban escritas todas las respuestas
y las salidas a aquel laberinto.
Morí abrazándote, y escuchando tu último latido,
ninguna de las dos gritamos, ya había demasiados
gritos y alaridos a nuestro alrededor.
Mis ojos llorosos, se acercaron a tu frente,
y bese tu frente, con tu alma ya lejana, en otro lugar.
Y después de caminos tortuosos y llenos de espinas,
te encuentro en otro templo, más moderno,
menos peligroso, sin humo y sin fuego.

Y me dices que te olvidaré... no, nunca lo hice.

Tú, quién me sostenía en mi agonía.

Tú, quién me salva de las sombras hoy.

Despierta y recuerda.

10, Nuestro amor de eclipse

Y yo permanezco en este sueño,

de una vida en conjunto,

de mil travesuras y diabluras,

siempre sosteniendo tu mano.

Es la vida que me hubiera gustado vivir,

pero lo borro y la aparto de mi mente,

sin embargo, hoy te echo de menos,

y cierro los ojos y noto tu mano en la mía.

Y en ocasiones es lo que ocurre,

escuchó a la lechuza cantar,

caminando en la oscuridad de la noche,

y por un instante pareciera que estuvieses aquí.

Me tumbo en el césped a descansar,

a ver el cielo bajo las ramas,

y por un momento siento que cuando me gire,

tú estarás allí a mi lado, como antes.

Me tumbo en la playa y mis manos dejan caer,

los granos, cual reloj de arena,

que marca cruelmente aquello que perdí,

que no fue otra cosa, si no tú.

Más allá, donde estés, o donde anduvieras,

aun conservas esa sonrisa, tan tuya, tan mía,

y el sol y la luna son testigos de excepción,

de este amor cual eclipse, imposible y sin fin.

11, **La rendición del guerrero**

Y a veces el guerrero quisiera rendirse,

y a veces quisiera llorar de amargura,

experto y herido en mil cruentas batallas,

y aun así surgió ganador de todas ellas.

Su pena, en ocasiones, le supera y le consume,

por no ser capaz de expresar y plasmar la belleza

de aquella tan hermosa y mágica voz,

que más que hablar pareciera cantar.

Y hoy, intenta secar su sed,

con la copa de vino que tiene en su mano,

pero se pierde en el color oscuro,

del océano y la luna frente a él.

No podrá expresar en palabras sus angustias,

y juraría sentir su espíritu y su alma arder,

en ese fuego que supuestamente está apagado,

en la euforia de un instante eterno.

Se pierde en la perfección del momento,

y se rinde ante esa batalla ya perdida,

baja su mirada y se ahoga en el vino,

la música y los poemas de un gran genio.

12, Todo arde

El fuego se extiende en el bosque de nardos,

la blancura virgen de los campos alejandrinos,

se ve hoy de ceniza estéril y oleo putrefacto.

Las almas condenadas deberán cumplir condena,

en el cielo sobrio de las noches de abril.

Y se extiende entre el mar y el cielo,

lo que antaño era sabiduría hoy es humo.

Y tras el amanecer vespertino del ruiseñor,

se me antoja dispar las probabilidades,

de que con tu mano en mi mano ardiera,

tu frente de seda en mi frente áspera y herida.

Y el soldado lloró por los gritos de dolor,

de tantos conocimientos perdidos a gritos.
Maldijo la guerra de las injurias,
de los falsos dioses y profetas,
que quemaron la vida y el destino.
Los niños quemados, los ancianos olvidados,
y el destino de todos maltrecho.
Y tus ojos en mis ojos, tus manos en mis manos,
mientras todo arde y desaparece para siempre.

13, **Te conozco desde siempre**

Y me sorprendo sin ganas de verte,
y me preguntó si esto durara mucho,
los desengaños duelen cual navajas,
clavadas en lo más hondo.
Y debo ser demente, o algo similar,
porque te odio amándote un poco más.
Porque a pesar de todos los pesares,
te conozco desde siempre.

14, **Te odio**

Te odio.

Te odio a muerte,

creo que te odio más de lo que odie a nadie.

Porque quiero odiarte, con ganas, con fervor,

con una intensidad enfermiza y dolorosa,

quiero permanecer enfadada contigo, con ganas.

Y acabo con esas mismas ganas rotas,

a pedazos, entre mis manos desgarradas.

Te miro y sólo pienso en abrazarte, en protegerte.

Y te borraría los problemas a lo bruto,

todos de un plumazo, todos de un golpe,

sin arrepentimientos, sin desesperanzas.

Si pudiera, si supiera cómo hacerlo, sin hacerlo.

Si supieras tú, lo mucho que te odio,

por lo incapaz que soy de conseguirlo.

Que te miro a los ojos, hoy apagados,

y me voy a un extraño lugar,

donde intento revivirlos, darles de nuevo su luz,

A un lugar donde antes estuve contigo,

y ahora ni me crees, ni estás, ni quieres escucharlo.

¡Maldito sistema binario lleno de reglas!

¡Malditas apariencias neurológicas intrínsecas!

Me acercan a mí el destino, al nuestro,

para separarme de nuevo, a lo bruto, sin piedad.

Y me escondo un poco, aquí, a lo lejos,

y desde aquí te miro, en silencio, fingiendo.

Porque a mi pesar, parece hoy de nuevo,

que las almas estuvieron destinadas desde siempre

a vernos separarnos, alejarnos, a perdernos.

¡Maldito planes y designios,

que me hacen perderte de nuevo!

15, **Despierta mi reina**

Despierta, ya es hora, mi reina,

mi diosa del caos descansa,

en una cama de mentiras,

en una vida en ruinas.

Mi alma le ruega que vuelva,

mas el tiempo no llega,

en que esos ojos se liberen,

ocultan sus hechizos.

Mi alma trata de liberarte,

pero sin más, arde mi cuerpo,

mientras tú sigues congelada.

¡Cómo te echo de menos!

No quiero ponerte grilletes,

quiero entregarte libertad,

tú en tu estado natural

no quiero palabras de más.

Despierta, es hora, mi reina,

te ofrezco calor en invierno,

y la brisa fresca en verano,

cuenta conmigo mi hada.

No te haré prisionera,

liberaré tu alma bruja,

volverás a ser la hechicera,

abre tus ojos, no te ciegues.

Aunque tú no te des cuenta,

te he conocido poderosa,

largo tiempo, me asombra,

que conserve tus memorias.

Siento tu mano en mi mano,

en aquella tierra lejana,

hablando entre sonrisas,

amándonos despiertas.

Despierta reina, lo ruego,

te pierdo a cada suspiro,

te alejas, a cada segundo,

te desvaneces en silencios.

Despierta, mi reina...

Una vez más... despierta.

16, **Testigo del romance**

El mundo no ha querido,

ser testigo del romance,

te borró tus memorias,

las mías las dejó intactas,

sólo recuerdas atisbos,

de cuando yo te amaba.

Me voy, huyo, sigo mi vida,

pero de un modo incomprensible,

me haces volver de nuevo.

El karma deberíamos curar,

sanar de un plumazo el pasado,

¿y si ya está sanado?

¿Cómo deja un alma

de amar lo que siempre ha amado?

Tu tacto es eterno en mis manos,

tu mirada lejanos cielos ha hallado.
Y en esta vida tú eres de agua,
porque te me escapas entre los dedos,
cuando creo que ya te alcanzo.
¡Qué mundo más caprichoso!
El guerrero encuentra reposo,
en el dulce espejismo,
en la negada idea,
de lo que fue suyo un día,
de lo que la muerte dejo escapar.
Sigue batallando el guerrero,
ya que su destino, aún derruido,
sigue siendo y será su hogar.

17, **La cabaña**

La cabaña donde el fuego danza,
las hermosas flores de invierno,
son recogidas por manos suaves
que preparan dulces brebajes.
Sonrisas parecidas a las de hoy
el olor de un manjar cocinado,
mis manos en tu cintura.

La nieve cayendo en invierno,

el sol brillando en verano.

Mi hogar, el tuyo, el nuestro,

bajo el mismo techo,

respirando a la par,

te giro con manos fuertes,

decisión de guerrero experto,

me miras con ojos hechiceros

y te entrego hasta el alma.

Recuerdos imborrables,

la eternidad en nuestro corazón,

el tic tac de lo imposible en la mente.

Te veo partir, hoy, mañana y pasado,

echo de menos el cantar de los pájaros,

la lluvia y las tormentas,

aquel sonido a vida pura,

desde nuestro trono de madera.

Si cierro los ojos... aún estoy allí,

aún no te has ido.

Y si algún día se unieran los cielos,

y un coro de ángeles cantaran los milagros,

de este amor imposible.

Espero que nuestras miradas,

aun sepan buscarse como hoy,

a lo inocente, a la desesperada,

como si descubrieran la desnudez del alma.

Preparando la batalla y empezándola de nuevo.

Tratando de destruir los muros,

elevando castillos enteros.

Y es que contigo nada es fácil,

creas dilemas y acertijos,

pero yo me hago experta en tu idioma,

descubriendo los misterios que protejo.

18, La cama es demasiado grande

Esta noche, siento una presión en el pecho,

la cama se está haciendo demasiado grande,

y el incienso de sándalo ya inunda la habitación.

De nuevo se repite, una noche más,

los pensamientos me invadirán,

con recuerdos de tiempos antiguos.

Memorias que ya no son mías.

espadas atravesando cuerpos no míos,

fuego quemando pieles no mías.

No obstante, las vuelvo a sentir,

todas brotando de mi profundo ser.

Traiciones sangrientas del pasado,

aquellas que te apartaron de mí.

Y aun a día de hoy, crean

entre tú y yo, un cruel abismo.

Muertos que no son míos,

lágrimas que no son mías.

Pero aún hoy me causan dolor.

Dices no creer en esas cosas,

mientras clavas en mí tu mirada.

Amarga ironía son tus palabras,

que, desde la infinidad del cosmos,

aún sigues sin darte cuenta,

qué vida tras vida, sin poderlo evitar,

siempre nos volveremos a encontrar.

A la tristeza
y a la locura

"Han sesgado las rosas de aquel hermoso jardín,

y la muerte ha vuelto con fuerza a mi mente."

1, Su silla y yo

¿Quién me iba a decir a mí que estaría celosa de una silla?

Pero eso no es lo único raro, en esta locura mía.

porque no sólo siento celos, sino que también la venero.

La envidio y la aprecio de igual manera.

No es si no ella, quien te presta asiento y descanso,

no es si no ella, quien toca tu cuerpo de un modo

en el cual yo sólo puedo soñar.

No es si no ella, quien te mantiene a mi lado,

y por eso la envidio, recelo y amo.

Y allí está ella hoy, siendo ocupada por otra persona.

Y es como si la oyera gritar, o al menos rogar

"No es este el cuerpo que quiero tocar"

La miro y le sonrió comprensiva,

"Que bien te entiendo amiga mía"

Y allí esta ella hoy, vacía y triste

y es como si la oyera sollozar en un llanto lastimero

"¡Qué alguien me diga dónde está!"

Nos miramos y el salón me parece igual de vacío.

"Yo también la echo de menos".

¿No es extraño que esa silla,

sea capaz de comprender mis lamentos

como si fuéramos compinches de nuestros destinos?

O será acaso que su madera y mi corazón

hayan acabado convertidos en la misma materia,

a causa de esta locura de amor.

¡Oh, amiga mía! Te envidio, te celo y te amo.

2, Vienes y vas

Falta tan poco para verte,

mi corazón ya ha comenzado a galopar.

Trato de buscar una canción que muestre lo que siento

pero es en vano, mi corazón late a su propio ritmo.

Crea canciones que mi voz no sabe interpretar,

pero mi alma canta cada vez que te recuerda.

Y sí, es por eso que siempre te querré cerca de mí

de algún modo oculto, mi alma le canta a la tuya,

aunque mi voz sea muda y tus oídos sordos.

¿Me sonreirás o dirás algo en especial?

¿Pensarás en mí en algún momento?

Mi cordura hace tiempo la perdí,

ahora mis oídos también se volvieron sordos
y mis ojos parecen ciegos o locos.
Te noto más cerca de lo que sentí a nadie,
y, sin embargo, a mi pesar
sé que hoy también te veré marchar.

3, **Te dejo**

"Aprende a dejar ir lo que amas",
y yo te dejo marchar, aunque duela,
y te me escurres entre mis manos
cual arena, y destroza mis entrañas
tu perdida, y quedo sin amparo.
Y te vas y vuelves sin llamar
a la puerta, sin avisar, llegas.
Y duele, porque otra vez te alejarás
dejarás marchitas mis ganas.
Y de nuevo vuelves, con una promesa,
la promesa de que nunca serás para mí.
Y te dejo marchar, te veo como vuelas,
con alas de ángel y tu corona recta.
Vienes y vas como un búmeran,

y tus idas y venidas me tambalean,

un terremoto a mis pies,

un huracán en mi cabeza,

un volcán en mis entrañas.

No quiero perderte ¡maldita sea!

Te dejo marchar sin quererlo,

te dejo, para que vuelvas.

4, Mi sombra

Mi corazón se rompe en pedazos,

mi mundo se vuelve oscuro y sombrío,

se destroza mi alma en mil pedazos

y no sé fuera, pero aquí, dentro, está lloviendo.

Siento que mis piernas me tiemblan,

siento que me desmayaré de un momento a otro.

Alguien profanó mi templo sagrado,

el lugar donde estaba segura se volvió pesadilla.

Me miro en el espejo y vuelvo a verlos,

en mis ojos aparecen los demonios oscuros,

que creía aniquilados y enterrados.

Mil ríos luchan por escapar de mi mirada,

y mis manos no consiguen aferrarse a nada.
La oscuridad que se haya en mí sonríe,
es el momento de escapar de mi luz.
Ha llegado el momento de destruirme de nuevo.
La desesperación no me deja ni respirar.
Han sesgado las rosas de aquel hermoso jardín,
y la muerte ha vuelto con fuerza a mi mente.
¿Y para qué diablos quiero la luz,
si siempre acabaré tropezando con las sombras,
esas que me abrazan, que me acompañan ahora?
Pero en ese momento, en el momento exacto,
en el que comenzaba a preguntarme a mí misma,
si habría alguien preocupado por mi desaparición.
Me encuentro en los brazos de un ángel,
y a pesar de mi vulnerabilidad estoy protegida.
En un segundo me reconstruyes con tus brazos.
Me miras a los ojos buscando más allá,
tratando de encontrar las palabras, las respuestas,
esas que mi boca no se atreve a darte aún.
Y aunque débil, dejo encerrada allí a la oscuridad,
no busco motivos para la tristeza y la sombra.
Matas como nadie a mi sombra, en un segundo.

Ahora sé que volveré a recuperarme, más fuerte.

Te preocupaste por mí y lo sé...

me importas, y ahora tú también lo sabes.

5, **Vas a herirme**

Vas a herirme, y lo peor es que dejaré que suceda,

me quedaré sentada, mirándote y te lo permitiré.

Y no es por ser masoquista, es ser realista.

Tantas veces pasó antes, cada herida se transformó,

se convirtió en una enseñanza, así que...

huir y no aprender, o quedarme para que me destruyas.

Sé que, de todas las heridas antes sufridas,

tú vas a ser la más dulce y dolorosa.

Porque te veré desaparecer mil veces,

y aun así estarás frente a mí cuando abra los ojos.

Y la voz en mi cabeza se transforma en mi enemiga,

me quita el aliento de noche, me quita el sentido de día.

Vivimos en una enseñanza eterna, en una rueda,

ya he sufrido el desespero, el desengaño, la crueldad,

las heridas físicas y esas que no se pueden palpar.

Así que ya no sé qué es lo que me vas a enseñar.

Amar lo que no es mío, lo que has de dejar marchar,
lo que está a miles de kilómetros, porque si estuviéramos,
en la cercanía de nuestras almas, pudiera surgir un
cataclismo.

Y los hilos del destino van tejiendo el bordadillo,
atándonos eternamente, y no quiero romperlo, no debo,
pero por ello sé que me harás daño de nuevo.

Y estoy acostumbrada, no hay dolor que no pase,
ni alegría que por siempre y mucho más dure,
pero me desangrarás el corazón y caeré a tierra,
me sacrificaré por la sonrisa de antaño,
mi fuerza vendrá con la travesura de aquella,
que se oculta tras los mares y la orilla.

Y de nuevo una y otra vez, tú u otro, me haréis daño,
mas no se aprende de otra forma, que, reconstruyendo,
quemando puentes y convirtiéndolos en palacios.

Hoy espero la estacada... vas a herirme.

6, **Zarzas**

Y tú los miraste como si fueran hechos de magia,
y yo aprendí a observar todo lo que era maravilloso

siempre tratando de encontrarte a ti en cada rincón.

Y aprendí a encontrar seguridad cuando tú,

con tus amorosos brazos, unías tu cuerpo al mío.

Y mi cuerpo temblaba con el sonido de tu voz

Y creía que tocaba el infinito donde no estaba,

si hubiera escuchado la vivaz sensatez del alma,

hubiera sabido que donde creí encontrar pétalos,

se me clavarían espinas y horribles zarzas.

7, **Mi brújula**

Se convirtió en mi brújula cuando estaba perdida

a pesar de tener una vida tan loca como la mía,

e incluso más, tantas veces su corazón fue derrotado.

Consiguió que volviese a recorrer el camino correcto.

Después de hallarme confusa entre un mar de dudas,

y ahogada en un océano de miedos,

Había perdido mi rumbo por completo,

entre un nido de paredes de hormigón.

Pero al conocerte, comenzó a funcionar mi brújula.

Tú le diste sentido a lo que estaba viviendo.

En este paraje lejano de mi propio hogar.

Es difícil de explicar, y muy fácil de sentir,
Parece una locura, de hecho, no niego que lo fuese.

Sin embargo, se sentía con tanta sinceridad, tanto,
que la locura y la sensatez competían frente a frente,
la realidad ganaba con fuerza a la ficción.

Al conocerte, mi brújula volvió a funcionar.
Sin embargo, hoy sé que tú rompiste aquella brújula,
jugaste con ella y la pisoteaste, perdiéndome de nuevo.

Pero volví a aquello que todos llaman hogar,
y me dejé encontrar por aquellos que jamás se irán.

8, **Idiota**

Cuando digo que puedes confiar en mí,
lo digo de verdad, no por quedar bien.

Cuando digo que puedes llamarme a cualquier hora,
lo digo de verdad, no por aparentar.

Cuando digo que eres importante para mí,
lo digo de verdad, no por alabar.

Cuando digo algo lo digo de verdad,
no lo finjo, lo siente todo mi ser.

Cuando digo "te quiero" o "eres especial",

no son simples frases baratas que desechar,

estoy haciendo un contrato con tu alma,

dejándola pasar a mi mundo interior y secreto.

Y supongo que básicamente, ese es el problema,

que cuando sientes lo que dices, y abres tu corazón,

la otra persona puede estar mintiéndote y romperte en dos.

Pero las palabras son contratos entre tú y yo,

¿cómo puedes venderlas por el que dirán?

No se trata de lo políticamente correcto,

se trata de sentimientos, y alejar inseguridades.

Pero de nuevo, tal como ayer,

llegará la decepción, llegará el desasosiego,

tú dices sin sentirlo, y yo tan idiota...

me lo creo.

9, Alejándose

Un día me dijiste que me iría y te olvidaría,

más eres tú quien comenzaste a olvidarme,

o acaso tus salvajes y tensos silencios,

son algo que no consigo aún descifrar.

Mas fue ese día que me dedicaste,

una de esas sonrisas tuyas, tan llenas de todo,
tan llenas de vida, testigos fueron,
de las tardes de alegrías venideras.

Pero ahora no apareces más por aquí,
ni me miras con esos ojos tuyos, tan llenos de todo,
tan llenos de cariño, testigos junto a los míos,
de la chispa que crecía y que tú trataste de apagar.

Pero ahora da miedo esta extraña separación,
como si quisiéramos desintoxicarnos,
pero soy adicta a todas esas pequeñas cosas,
que llenaron mi vida durante todo este tiempo.
Pareciera que el infinito juega contigo y conmigo,
nos junta, pero después todo es tan complicado.
Te pediría que te quedases, que todo fuera como ayer.
Pero no sé porque, no es algo que yo vaya a hacer.
Te ame desde el primer momento que apareciste,
mas incluso te conocía de antes, y esas cosas,
esos secretos no serán algo que comparta contigo.
Si tú no lo recuerdas, debe ser una curiosa señal.
Yo deseaba con mis fuerzas cambiar el mundo,
pero todo parece ser como debe ser,
y mi musa no quiere morir hoy en tus ojos,

prefiere vivir en mi corazón, suspirando y alejándose.

10, **Te vas**

Y el reloj vuelve a ser mi enemigo,

y es que va marcando las horas y los días,

y con fecha límite, de una nueva despedida.

Demasiadas han sido ya, a lo largo de mi vida.

El otoño será más frío, cual crudo invierno.

Se me calará en los huesos la humedad,

sufriré el gélido vacío de tu ausencia

que clavará mil dagas en mi alma.

Porque ahora que te he encontrado,

después de una vida buscándote,

te irás y quizá ya no regreses

y eso, no quiero admitirlo, pero duele.

Nunca he sido egoísta, te dejaré marchar,

permaneceré en silencio mientras te alejas,

la ciudad que me ha visto antes llorar,

disimulará mis lágrimas con su lluvia.

Y algún día volveré a despertar y quizá sonría

sabiendo superado tu recuerdo consciente,

miraré tu fotografía y quizá te note irreal,

más habiendo tú sido tan real, eso también dolerá.

11, Veneno punzante

En ocasiones te paras a ver el mundo,

y te asusta que lo que ves, no es lo mismo,

nunca es lo mismo, que ven los demás.

Te paras y ves átomos, luces y colores,

ves una luz donde todo se ve oscuro.

Y ves todo oscuro, donde otros ven luz.

Y cuando el lobo camina moribundo,

con la traición desangrándole el corazón.

no habla, calla, herido en su orgullo.

Su miedo a convertirse en un lobo solitario,

lo llevo a convertirse en un lobo moribundo.

Porque cada uno es como es, único,

y confiar es algo que se gana a pulso,

no se regala a la primera,

porque alguien te cuente sus problemas.

Confiar en el veneno punzante,

es lo que marchitara el campo de rosas.

12. Ella y su dragón me esperan

Mi terror nocturno, que no me deja dormir

se ha adueñado de sus ojos, de su ser.

Convencida desde siempre estuve,

de que habían galaxias y universos,

completos y brillantes, guardados,

aguardándome en sus intensos ojos.

Pero si estuvieron allí alguna vez,

simplemente fue para distraerme,

para que creyera en todas sus mentiras.

Ser de barro que se lo lleva la marea,

yo echando de menos al ser que me espera,

al otro lado del mar, al otro lado ya estará,

mas me deje encantar por un extraño ser,

que creí alado y que, sin embargo, parece estar gritando,

viviendo una vida irreal, sintiéndose perdido.

Le pido ayuda a mis guías, no sé qué debo hacer,

me dicen que actúe responsable, sincera y amable,

pero eso es algo que no sé traducir,

responsabilidad por quién, o responsabilidad por mí.

Porque le veo perderse, las angustias le atosigan,

y las sombras ocupan su ser, podría ayudarle,

pero me mata con sus embustes,

me destroza con sus desplantes.

Hoy es el último día que trataré de ayudarle,

si me quiere, que me busque, tal vez me encontrará

pero si me quedo más aquí, en esta orilla,

temo ahogarme para siempre, perderme,

en esa posibilidad que aún tengo de llegar,

atravesar el mar y llegar al lago, donde tranquila,

pero ella y su dragón ya habitan,

y me esperan.

13. **El barquero y la Dama**

La sonoridad del río en el que se embarca,

claras y cristalinas aguas, y su fiel amigo.

Hizo el trayecto tantas veces antes,

pero hoy es diferente, hoy su dama le llama.

El cielo se nubla al instante,

y el barquero sabe que algo ocurrirá,

su corazón es una caja de respuestas,

por eso se hizo inseparable de ella.

Mira a su amigo, que sonríe taciturno,

bonachón, pero siempre ávido guerrero.

Le pone una mano en su hombro,

nada quiere que intuya de lo que espera.

Llega a la otra orilla, y allí está ella,

con su cabello rizado y negro,

aguardándole, a la espera, suspirando.

El barquero y la dama se sonríen.

Se abrazan como siempre,

bajo el sol de aquel mes de septiembre.

Un banquete y una fiesta les espera,

su amigo le sonríe y se adelanta.

Su felicidad les dura poco,

lo que nunca pensaron que ocurriría,

fue justo el sino que les aguardaba,

la traición de un viejo amigo.

La dama tiene las manos llenas de sangre

y llora en agonía,

su barquero se pierde a la deriva,

mientras su corazón comienza a latir lento,

sin fuerza, sin aire en sus pulmones.

El cuerpo del barquero yace casi frío,

mientras la dama no se separa de su lado,

sólo acompañada por un tenso silencio,

y sus ojos llenos de lágrimas.

A su lado el alma del barquero,

quien pone su mano en su hombro,

esperando que de alguna manera

consiga sentir que no la olvidará.

Mas siglos han pasado desde entonces,

la dama encerrada junto a su lago,

los amigos separados, y el barquero,

muriendo por encontrar el alma de su dama,

en otros cuerpos, en otras caras.

14, **Ser extraño surgido de sueños**

Viento recorriendo mi espalda,

donde una vez tu mano se posó,

frío que me cala los huesos

y me hace tiritar.

Mirada perdida en el horizonte,

chocando con otras miradas,

pero se pierde y se asusta,

al no encontrar tu abrigo.

En ocasiones parecieras espejismo,

ser extraño surgido de sueños.

A veces incluso me cuesta recordarte,

pero son sólo segundos, y duele,

porque;

entre el perfume de las flores,

encuentro tu única fragancia,

porque;

entre el murmullo de la calle,

escucho tu melodiosa voz,

porque;

entre miles de abrazos,

siento tus cálidas manos.

Entonces, dime tú, si me lees,

¿por qué el mundo es tan injusto?

Tú tan lejos de aquí,

y yo escribiéndote poemas.

Tic tac, tic tac, tic tac,

el reloj marca las horas desafiante,

el calendario los días sin tregua,

y ya no tengo una pista de ti,

ni una hora, ni un minuto,

el muro del orgullo se hizo castillo,

el abismo del miedo no tiene fin.

Pasan los días, extrañamente felices,

pero las noches te echan de menos.

Y vuelve el día con la decisión de huir,

con mi orgullo intacto, mi miedo creciente.

Llegará el día en que de ti me olvide, quizá,

el día más triste que podría vivir.

Porque si el destino me hizo amarte,

a pesar de la imposibilidad de los hechos,

entre la infinidad del cosmos,

nos hace encontrarnos de nuevo,

quiero amarte, quiero hacerlo, desde lejos,

desde mi trono, aquí sentada,

en el reino de los cuentos olvidados.

16, **No etiquetes**

No etiquetes lo que sientes,

pero tampoco rompas el encanto,

tú convertida en reina de las nieves,

tú qué estabas hecha de fuego.

Mientras siento tu rechazo.

En un mundo de prejuicios,

te escapaste de mis brazos.

Me quedé aquí, a solas,

cual lobo aullando a la luna,

cantando una vieja canción de cuna.

He surcado todos los mares,

cual gitana de mar,

tratando de hallar tu orilla,

con la brújula oxidada.

Y te hallo y me miras,

y nos sentamos en la escalera,

esa que lleva a tu casa,

hablamos de sentimientos,

pero te irás y los olvidarás

Quiero que me acompañes,

tan sólo un poquito más,

pero me levanto y huyo,

mientras en mi mente,

aparece un insistente murmullo,

me pide que me gire y te bese.

No mente, no corazón,

ella es la reina de las nieves

y sólo alcanzará a congelarme,

helarme el corazón de nuevo.

17, **Sálvate tú**

Flores marchitas de mares lejanos,

que me traen tormentos más allá del tiempo.

Rescatarte no podría

del hechizo que prisionera te mantenía,

peligro corría tu vida.

Mi enemigo bien sabía,

como volver mi vida en cenizas,

mi templo en ruinas.

Velas por doquier, círculo de maldad,
grilletes en las manos, atada por los pies.
Prisionera y cautiva de un vil ser.

El tiempo pasa, las vidas transcurren,
y ahora quizá ya no haya tanto drama,
pero tú te sigues poniendo grilletes.
Al amparo de los prejuicios,
tú huiste de tu libertad.
Mas amor mío, ya no puedo rescatarte,
hice lo que pude en su momento.
Pero sálvate tú, porque yo ya no puedo.

18, **Puta Conexión**

Mierda de conexión,
¿de qué me sirve? ¿eh?
¿Serías tú capaz de darme una razón?
Señales, señales y más señales,
que inundan esta, mi vida,
que me hablan de la puta conexión.
Y tú no estás en mi vida,
porque prefieres desconectar.

Tu sombra me sigue huyendo,

y eres tan difícil de encontrar,

pero tampoco me permites escapar.

Y en ocasiones me pregunto,

¿ha sido así siempre?

Porque, si así me he pasado la eternidad,

amándote a ti y a nuestra puta conexión,

¡Qué me den el premio a masoquista!

Que yo lo recogeré alzando la cabeza,

con mis manos desgarradas,

y mi alma hecha a trizas.

Y, aun así, bendiciendo,

nuestra puta conexión.

19, **Sin escapatoria**

Se me acaban las escapatorias,

me acostumbre a huir de ti de tal forma,

que me autodestruía al verte.

Con tu tez hecha una sombra,

de lo que era al conocerte.

Quería protegerte de todo,

¡por dios qué era lo que deseaba!

Pero lo más importante se turbó,

y lo mejor para mí era huir.

Y no te perdoné por hacer lo mismo.

No fui justa, lo sé,

ni lo soy, ni tenía la capacidad mi mente.

Perdí a tantos por el camino,

sin tiempo de despedirme,

y ver cómo te perdía a ti,

fue sin duda, lo más doloroso.

No ansío más que verte feliz,

pero en la disyuntiva de mis deseos,

quisiera formarte yo las sonrisas,

en las tinieblas que vi aquel día.

No me enorgullece reír,

que por un instante reí al verte así,

hasta que acabé llorando amargamente,

mi cuerpo tembló de dolor,

mis manos querían borrarte las tristezas,

y mis brazos protegerte de las tormentas.

Pero tú, tú ya te habías ido,

y yo me tuve que tragar mi orgullo,

quedarme sin escapatoria, y regresar a ti.

20, **Volveremos a verte.**

Tu muerte nos ha desgarrado.

Tú, tremenda guerrera,

de fiera apariencia y dulce corazón,

entre todas las mujeres, la más sabía.

Tú, que vivías tu gran historia de amor,

tan anhelada, tan deseada,

tantas veces antes negada.

La comandante de la muerte,

te enseñó lo que era la vida,

junto a ella aprendiste a abrir tu corazón.

Ella y la emperatriz romana,

ahora vengarán tu muerte,

tu pueblo les enseñó a ser libres,

ahora ellas no tienen miedo a la batalla.

Te vas y cruzarás a la otra orilla,

y nos dejas, en esta, las manos llenas de arena.

Quisiéramos retenerte,

somos tu pueblo guerrero,

necesitamos a nuestra comandante.

Pero nos enseñaste la valentía,

la rebeldía de quién es fuerte,

a forjar siempre nuestro destino.

Con la mano en el corazón, te digo,

volveremos a verte.

A los detalles

"Pero lo que ellos quizá no sepan es que yo...

ya he hablado cara a cara con la muerte..."

1, **Tu mensaje**

Estoy tranquila, relajada en este bar
y con la mente ocupada viendo el partido.

En mi mundo rodeada de gente
y de repente tu mensaje llega a mi móvil,
y sé que la cara de idiota que se me queda
podría alertar al menor de los observadores.
Pero, ¿qué podría decirles?
¿Qué aquel mensaje está escrito
por las manos de un ángel?
Lo leo y releo, y me río aún más,
siempre tratando de bromear.
Siempre tan dulce, siempre prestando atención.
Tu mensaje no es el mensaje de cualquiera,
y créeme cuando te digo que nunca lo serán.

2, **Me haces sentir viva**

¿Alguna vez has conocido a alguien
y has sentido que habías estado muerta durante años?
Y no es si no porque esa persona te hace sentir viva.

Por momentos no sabes si es amistad o es amor.
Sinceramente, cuando llega ese momento
lo que sea, no te puede importar menos.
Lo importante es sentir tu corazón latir de nuevo,
tus pulmones cogen aire puro y fresco.
Lo que era añejo se convierte en novedoso,
lo que olía a podrido vuele de nuevo a un perfume,
¿qué perfume? No lo sé, quizá el suyo.
Desde estas letras sinceras, quiero que sepas
me haces vivir, me haces respirar.
La vieja que se miraba en el espejo,
viendo su vida pasar día a día,
ahora baila en su habitación
y canta durante todo el día.
Gracias por hacerme sentir viva,
ya no me importa nada más.
Tú abriste la puerta a mis esperanzas
y lanzaste mis penas por las ventanas.

3, **Capitán de tu barco**

Si él es el capitán de tu barco,

yo seré el puerto al que puedas regresar,

Cuando tu alma este cansada,

te acogeré con abrazos en la orilla.

Te esconderé y protegeré,

te guardaré de las tormentas y el pesar.

Puedes venir a mi tierra,

siempre que necesites descansar.

4, Te noto triste

Te noto triste, tus cosas no van bien.

Hay una sombra en tu mirada,

mis instintos te quisieran proteger.

Lo he hecho tantas veces,

que lo extraño es no hacerlo hoy.

Sin embargo, te alejas con la cabeza baja

y de todas las cosas que he sentido por ti,

pero aún jamás te conté,

la peor es que desde mi quietud,

te estoy dejando marchar hoy.

5, Desde la distancia

Desde la distancia te escucho,
como quien escucha el arrullo
de una pura y cristalina cascada.
En silencios repletos de locura
y ausencias repletas de paz.
Podría tumbarme en la orilla,
cerrar los ojos y dejarme llevar
Contarte mil secretos que no dije jamás,
escuchar los tuyos sin dejarte de mirar.

6, Mi ángel puro, mi diablo travieso

Tus ojos llenos de leyendas
tu mirada llena de misterios
Sonrío al ver que eres un enigma,
o así te ven los demás.
Dicen tantas cosas buenas de ti,
si pudieras oírlos por un instante,
me paro y sonrío al escucharlos.
Apenas notan mi presencia.

¿Te he dicho que no paro de sonreír
desde que llegaste a mi vida?
Mi diablo de mente traviesa,
mi ángel de corazón puro.
La mejor de mis pesadillas,
el más macabro de mis sueños.

7, Mis sueños

Y ahora te quieres meter en mis sueños,
no pides permiso, entras sin más.
Mis sueños son míos y tú los reclamas.
Abrirte la puerta a un lugar inhóspito,
donde te invito a entrar cada noche.
No puedo explicarte que ocurre.
Te apropiaste de mis días y ahora,
ahora quieres apropiarte de lo único mío.
Y yo me calló o explico bobadas.
Porque si te explico lo que en ellos pasa.
¿Qué será de mí si te entrego cada rincón,
de mi ser, de mi alma, en esta entrega?
Tu asombrosa osadía me deja descolocada,

quiero evitar que conozcas mis secretos.

Pero al oírte reír, sé que no puedo hacer nada.

8, Dos besos y una sonrisa

Dos besos y una sonrisa, con eso ya te basta
he estado evitando perderme
en esa profunda mirada.
Estudiando la manera, la estrategia
y en mi mente ya estaba lograda.
Pero llegas y mueves mi mundo.
Me tocas y me siento indefensa.
Sujetas mi muñeca y me desarmas.
Sonríes y resucito en vida.

9, Te echo de menos

Echo de menos tus montañas,
echo de menos tus ríos,
echo de menos tus valles.
La poesía de tus movimientos.
La melodía de tus ritmos.

Quisiera perderme en tu monte
y llegar sin prisas al bosque,
disfrutar de un suculento banquete.
Beber las aguas de tu cascada.
Sentir como el viento te sacude,
y el suave quejido de las ramas,
mostrando con poder tu viveza.
Recorrer parajes del todo insólitos,
metro a metro, centímetro a centímetro.
Sentir el canto alegre de los pájaros,
escuchar su cantar a cada paso.
Echo de menos tus montañas, ríos y valles.
Me despierto y te echo de menos.

10, **Por siempre... Girona**

Esta ciudad ha sido testigo
de mis dos grandes pasiones,
de mis dos grandes imposibles.
Justo donde me siento ahora,
he descubierto el primer amor
y un poco más allá, a unos metros,

descubrí la traición más dolorosa.

Esta ciudad me ha visto enamorada

y me ha invitado a pasear con ella.

Esta ciudad ha visto mis andares,

mis pasos de zombi en las sombras,

de esos cuando el corazón está roto,

de esos cuando ya no puedes más

y en silencio me ha mostrado el camino.

La he traicionado con tierras lejanas,

ajenas, más allá de la orilla y el mar.

Y me ha perdonado, me ha abrazado,

y me ha dado de nuevo la bienvenida,

más cálida, más radiante, más mía.

Bajo sus cielos grises alguien me embrujó,

bajo sus cielos azules todo me mostró.

La eternidad de mi alma rebelde,

y la fortaleza de este corazón mío.

Amigos, enemigos y mi bella ciudad,

que me dio de beber, cuando mis labios,

secos de amor, suplicantes y desprotegidos,

pedían a gritos que alguien me entendiera.

Y ahora me da de comer sus frutos,

incluso el prohibido, que no puede ser mío.
Pero mi ciudad vuelve a ser testigo,
de este gran y profundo secreto mío.
Ahora y siempre, desde aquí brindo.
¡Por mi bella ciudad! Girona... siempre.

11, El búho y el lobo blanco

Guerreros de luz, el búho y el lobo,

caminan por aquel sendero,

el que sube a la alta montaña.

El búho utiliza su vuelo y su visión,

para abrir el sendero y ser el guía

y el bello y sabio lobo blanco,

protege con su luz a ambos.

Una amistad, al parecer, surgida

cómo surge lo que de verdad importa.

De la nada, de imprevisto, del destino,

cual poderoso y fuerte relámpago.

El búho solitario se hallaba en su rama,

buscando sentido a toda su vida,

cuando el lobo se detuvo bajo aquel árbol,

a beber de aquellas aguas cristalinas,

vio el reflejo de aquel búho curioso.

La majestuosidad del lobo le sorprendió,

y él sonrió lleno de poder.

Estuvieron mirándose en la lejanía,

hasta que el lobo inspiró del todo al búho,

quien se atrevió a desplegar sus alas cansadas.

¿Quién eres? ¿Por qué creo que te conozco?

Es curioso pequeño búho, yo pensé lo mismo.

Desde aquel día en que se atrevieron a acercarse,

caminan por el sendero hacia aquella lejana montaña.

12, Me hiciste valiente

Tú me hiciste valiente en una ciudad tan grande,

A veces oscura y fría, solitaria y sombría

Tus gestos me dieron fuerza,

Tú sonrisa abrazó mi alma

Tus ojos me enseñaron el camino.

Todo lo hiciste más fácil,

Y ante los peores problemas,

Tú me hiciste valiente.

Tu voz lleno los terribles silencios,

Tus palabras me hicieron continuar,

Nada consiguió derrotarme,

Porque tú me hiciste valiente.

13, **Los recuerdos abrazan**

No me mientas, los recuerdos sí te abrazan.

Cuando te conviertes en una emigrante,

La vida te da valiosas lecciones…

Y es que… a pesar de lo que pueda opinar la gente,

Los recuerdos ¡Sí abrazan! ¡Los recuerdos sí besan!

¡Los recuerdos sí dan calor!

¡Los recuerdos sí sirven de mucho cuando debes estar lejos

de tu hogar!

¡Te confortan! ¡Te protegen! ¡Puedes sentirlos, olerlos, y

tocarlos!

Cuando me abraza el recuerdo de mis padres,

puedo sentir sus besos, sus caricias, su calor y su ternura,

Igual sucede cuando recuerdo a mis abuelos, a mis primos,

a mis tíos.

También revivo recuerdos de momentos y situaciones
vividas en mi tierra,

entonces siento, en el aire, la sensación de la brisa marina,

las olas del mar,

que tanto me calmaban cuando eran difíciles de controlar
mis nervios,

el canto de los pájaros en el bosque, que me despertaba
cada mañana

el olor a pino, y a hierba fresca, cuando jugaba con mis
perros,

la tranquilidad que me proporcionaba el ronroneó de mis
gatas por la noche,

hasta la melodía de una vieja canción que marcó algún
momento de mi vida...

Cuando la recuerdo a ella, su sonrisa y su mirada,

me vuelven a otorgar la fuerza necesaria

para continuar este, en ocasiones, peligroso camino.

Así que no me mientas, porque los recuerdos sí abrazan.

14, **El rastro de tu mirada**

Ayer te busqué, hoy quizá te encuentre de nuevo.

Mientras camino por la bulliciosa ciudad,

en ocasiones me sorprendo,

tratando de encontrar el rastro de tu mirada,

en los ojos de otras gentes extrañas.

Paseo con mis amigos, en una mañana afable,

Y entre risas, bromas, y juegos,

me parece respirar tu aroma en el aroma de las flores,

Quizá los cánticos de los pájaros puedan hacerte llegar mi mensaje,

ser mis testigos en la distancia.

15, **Mi lucha**

En ocasiones, encuentras gente que reprocha

"tu lucha es difícil"

"tu lucha es imposible..."

"no podrás triunfar, vas a fracasar..."

Pero lo que ellos quizá no sepan es que yo...

ya he hablado cara a cara con la muerte,

he estado en el infierno,

y mi alma se ha llenado de oscuridad

Y he vuelto, he luchado, he vencido.

Mi alma ha recobrado su luz.

Así que, sin más, mis oídos están sordos

ante reproches vacilantes,

mi alma me impide retroceder.

Su raciocinio poco o nada significa ya para mí,

mi espíritu arde en el fuego del guerrero.

Desafiarme a mí misma, es mi esencia

quizá en ocasiones, llegó de nuevo hasta el borde del

abismo

veo el infierno, a sus demonios y los saludo,

de tú a tú.

Valiente, conocedora de que quizá hoy no,

pero mañana, volveré a ganarles

Mi mirada no verá riesgo, verá un reto

Sólo deseo para ti lo mismo,

Que seas capaz de encontrar la luz incluso en el lugar más

sombrío.

16, **La Callada**

Me dicen que soy callada, quizá demasiado,

Pero... ¡Cuánto nos dicen las miradas,

a los que observamos en silencio!

Nos hablan de la profundidad de los corazones,

de la inmensidad de millones de universos

y nos ofrecen mágicas experiencias.

Cuando se te regala la oportunidad de encontrarte

con un ser de mirada pura, si te paras sólo un instante,

en silencio, a observar, apreciarás sus sueños más secretos,

que al igual que los tuyos propios,

buscan colmar su espíritu y serenar su alma sedienta.

Porque las miradas,

son buenas conocedoras del lenguaje oculto del alba,

todos deberíamos aprender a saber leer más allá de las

palabras,

sólo así descubriríamos el mundo real

y abrazaríamos las verdaderas necesidades del alma.

Desearía rezar a la anciana hechicera, el ser más cuerdo,

cuya mayor riqueza es su espíritu imbatible.

Me gustaría que ella fuera capaz de advertir aquella mirada

que yo en el pasado logre observar,

aquella mirada que poseían los secretos del fuego y del mar,

aquellos ojos que escondían miles de misterios,

en su infinita belleza,

le rezo para que le ayude a encontrar todo lo que su alma
ansía.

Como cada uno de nosotros,

cada mirada tiene su propia identificación,

no hay una sola mirada que sea igual a otra,

porque cada mirada representa un alma.

Las miradas son capaces de expresar el significado

que la palabra no consigue alcanzar.

Llegar a lo más profundo, a borrar cualquier tabú,

es capaz de cambiar el curso de una vida

y sin ni siquiera pedir permiso.

Una mirada pura, puede no olvidarse jamás.

El brillo de unos ojos sinceros,

en ocasiones se convierte en pluma

que te hace volver a escribir, incontrolada,

una pluma llena de inspiración alborotada.

17, **Cansada de almas vacías**

En mis momentos más oscuros, me diste esperanza.

En mis momentos de alegría, fuiste un cálido recuerdo.

Estoy cansada de caras bonitas, sin alma, sin fuerza, sin corazón,

por eso tu alma de magia sincera, me inspira de nuevo hoy

Esta vida que a veces siento de alquiler,

lejana a mi propiedad, y en ocasiones siento tan mía,

que mi corazón siente una inmensa punzada,

de júbilo sincero, ante la imposibilidad de lo que observo,

pero que se convirtió en algo tan real, que su verdad no se puso en duda.

De alguna extraña manera, con el devenir de los meses,

me has hecho tener fe en ti, eso ha abierto mi mente,

haciéndome tener más confianza en mí misma,

lo que me ha convertido en una mejor persona.

Por eso, sin temor y sin censura, hoy te confieso,

que sea cuanto sea el tiempo que me quede por vivir,

Tú serás importante para mí... ayer, hoy y siempre.

18, **Ella me ha enseñado**

La experiencia me ha enseñado,

que una canción, una melodía,

una voz en el momento perfecto,

es más útil que cualquier medicina.

Me ha enseñado,

que hay que tomar riesgos,

porque siempre conseguirás algo,

si consigues la victoria, serás feliz,

pero si pierdes, habrás aprendido una lección.

Me ha enseñado,

que, si aprecias a alguien, has de demostrárselo,

no dudar en decírselo, aprovechar el momento.

Porque nadie conoce lo que nos deparará el mañana

y puede que te arrepientas de no habérselo dicho.

Me ha enseñado,

que por muy negro que se vea el horizonte,

la vida les da las más arduas batallas a los mejores

guerreros.

Me ha enseñado,

que hay que saber escuchar el silencio,

porque en muchas ocasiones, los suspiros y las miradas

contienen todo aquello que no podemos expresar con

palabras.

Me ha enseñado,

que cuando alguien se ha ganado tu cariño,

en poco tiempo, en apenas en un suspiro,

esa persona es más que especial.

Me ha enseñado,

que, si alguien que te importa de verdad, si te necesita,

no te importará estar durmiendo o incluso si habéis

discutido,

tratarás por todos los medios de mostrarle tu cariño.

La vida es sabía, ella me ha enseñado...

19, **Es el silencio**

Estás en calma una madrugada más, ¿lo puedes escuchar?

Es el silencio, porque no existe nada más cargado de

sonido.

El silencio es una fiera al acecho, que respira por si sola,

a veces es el motor que mueve la melodía del corazón,

y en otras ocasiones se queda ahí, en las sombras,

dispuesto a atacarte si se lo permites, ante el más mínimo

error.

Miro hacia el horizonte, mientras me visto, me dispongo a

batallar,

porque no soy más que eso, un soldado más, igual que hay millones,

esta ardua guerra que es la vida.

Salgo a la calle, el cuerpo está en mitad de esta ciudad,

disfrutando del caminar, de las vistas que observan mis ojos,

el corazón en mil parajes lejos de aquí,

visitando como fantasma a aquellos que tanto quiero y lejos están,

y la mente tratando de no sumergirse en miles de paranoias.

Me miro al espejo, ¿alguien será capaz de ver mi verdadero yo?

¿Alguien será capaz de descifrar este enigma que soy yo?

El tic tac del silencio me desespera, el tiempo vuela rápido,

pero tienes que soportar todo lo que venga.

Antes tenía pánico del oscuro vacío secuestrándome en el silencio,

pero tu música lo lleno, y en los abismos creaste firmes puentes,

el silencio ya no me da miedo, lo conseguí vencer,

basta recordar esos momentos para que se esfume.

Le conseguí echar valor a la vida, mi cuerpo es mi mayor escudo,

mi alma se convirtió en mi mayor arma, tu música, mi abrigo.

La vida me enseñó la lección más cruda, más difícil de aprender,

ya nunca salgo por la puerta sin decirle "te quiero" a la persona que dejo atrás,

con la esperanza en el corazón, de que esas palabras ocupen sus silencios.

20, **A patadas**

Era grande, tan grande que ya no cabía,

le construía palacios, pero no cabía,

le construía castillos, pero no cabía.

Destruía las paredes a golpes.

Los cuadros colgados de las paredes,

se derrumbaban a cada impacto

que me daba cuando me descuidaba.

Se hizo tan grande que se construyó su mundo

y me echó de allí a patadas.

21, **El lobo**

El lobo le canta a la luna llena,

de cobalto y marfil deslumbra,

en la alacena de la montaña anhela,

la simbiosis de esta vida y la venidera.

Antaño casi invisible, se crece

ante el aullido del lobo solitario,

que transcurrió su vida en su asilo,

hasta encontrarla tan deslumbrante.

Viene de lejanas praderas,

quizá de tierras intraterrenas,

pero perdió el rumbo debido a la ceguera,

de una tierra falta de magia.

Desde siempre guardado por dragones,

protegido por seres de otros mundos,

el lobo siguió su camino, superviviente,

a pesar de todas las veces que debió morir.

Ahora viendo la luna, sus ojos ven más allá,

encuentra senderos despejados y limpios,

por donde viajar y tal vez perderse,

hasta encontrar caminos que le lleven a su destino.

22, **Del infierno al cielo**

Ya no sé ni cuánto tiempo llevo aquí,
parece que me quede inconsciente,
al fin y al cabo, estuve a punto de morir.
Y abro los ojos y noto que llega alguien,
un cálido y ligero tacto, me coge la mano.
Y por un momento me asusto,
abro los ojos y veo su sonrisa frente a mí,
al lado de mi cama, ya no hay peligro.
De nuevo ese brillo en los ojos,
está feliz de que haya despertado,
pero me pregunto si sabe, que yo,
yo soy feliz de ser lo primero que vea.
He pasado del infierno al cielo
con un abrir y cerrar de ojos.
Su mano cálida aun sujeta la mía.
Y podría acostumbrarme tanto a esto,
a mi propio cielo, a mi ángel.

23, **El horizonte nos une**

Y desde allí contemplas el horizonte,
sentada estás en la arena con la mirada pérdida,
y yo a miles de kilómetros haciendo lo mismo.
Nuestro pasatiempo favorito.
Y en la ironía de la que está hecha la vida,
curioso fue que nos encontrásemos tú y yo,
en una ciudad sin mar, ni arena,
tú y yo, dos seres venidos del mar.

24, **A algunos que dicen que ser cómicos**

A algunos que dicen ser cómicos
Reír de las desgracias ajenas,
y de las grandes tragedias,
no es ser simpático..., apenas,
es ser un irremediable cobarde.
Y anonadada estoy ante
este espectáculo de fieras,
hambrientas de crueldad,
más que de alimento.

No ha cambiado mucho,

desde la antigua Roma,

antes se reían cobardes,

de los leones y gladiadores.

Y en estos, nuestros tiempos,

si eres homosexual,

afeminado, gordo o flaco,

¡que más les da!, ser diferente,

ya es motivo de burla cruel.

Las muertes de miles de personas,

también les parece desternillante.

Mientras se pasan los días ausentes,

sin vivir, como trozos de carne con ojos.

Ni siquiera se miran al espejo,

porque serían testigos de algo horrendo.

La putrefacción de sus almas,

más otros ya olemos su hedor.

¡Qué sigan burlándose! ¡Qué sigan riendo!

¡Qué sigan cobrando por insultar al ajeno!

Y vosotros seguid riendo por el destino de otros.

Que en el futuro... ¡a saber qué os espera!

Quizá el fuego del averno...

25, La niña llora

La niña llora amargamente,
hundiendo su cabeza en mi estomago
qué donde se halla su madre me pide,
qué por qué no va a visitarla ya nunca,
qué si acaso se ha olvidado de ella.
Esas preguntas tienden a destruirme,
cual puñales que se hunden sin media,
en piel y alma, sangrantes y profundos,
mientras ella, me abraza con su inocencia.
Como le digo que ella tomó la decisión,
de esconder su destino con mentiras,
permanecer dormida a la verdad,
no afrontar lo que es, esconderse.
La niña me llora, y yo lloro también,
en silencio, abrazándola, perdida,
odiando el mundo por no otorgarme,
las respuestas que nos gustarían.
Pero ese baile entre amor y odio,
es el que me da fuerzas para explicarle,

lo que en realidad ocurre, no es su culpa,

que la que fuese su madre, hoy peque de cobardía.

26, El café con leche

Al amparo de un café con leche,

ruidos de platos, prisas y estrés,

risas de niños, suspiros de adultos.

Y en el centro de todo,

esta taza de café,

caliente, humeante,

dando la bienvenida al azúcar,

para disminuir su amargura.

Espuma brillante de canela,

ante su normalidad aparente.

Con miedo y deseoso,

de que su hora, por fin, llegue.

27, A reír

Hoy se me antoja reír,

reír con ganas y fuerzas,

reírme por mí y por ti.

Que las penas se desvanecen,

que los miedos desaparecen,

que me río del destino,

que le pongo buena cara

a la tristeza y al desespero.

Hoy me río y aprendo,

que para eso se está.

Que se fastidien los malos ratos,

que me da el sol en la cara

y hoy con eso, ya es suficiente.

Que me río y tú ríes,

que nos riamos de todo,

que las penas son muchas

y mucho más lo que te debo.

Pero toma mi mano

y saludemos al cielo.

Que aquí se sufre, pero se ríe,

que la cuestión es respirar,

tomar aire y reír.

Que no nos roben la alegría,

que no me separen de tu sonrisa.

Que las familias se separan,

pero se forman otras a su vez.

Que, por una tristeza,

nos regalen una alegría

y muchas cosas que aprender.

28, **El viaje**

Deja las penas a un lado,

atrévete a abrir la ventana,

para emprender un nuevo viaje,

surcando los cielos,

quemando viejos puentes

y emprendiendo nuevos caminos,

hasta llegar al mar,

sumergirte en las aguas,

bañarte en las cascadas,

o simplemente contemplar,

con quietud y sosiego,

la calidez de los rayos del sol,

templando tu rostro

o dibujando siluetas.

Mar o tierra es lo de menos,

las maravillas y detalles de las flores,

la luz entrando por los ventanales.

Observa el plácido atardecer,

guarda energía para un nuevo viaje,

uno cada día, aquel que llene el alma.

Recibe la luz y valentía,

para emprenderlo una vez más,

y esta vez, con mayor intensidad.

29, **Nuestras guerras son otras**

Es sin duda inigualable

la inmensidad del cosmos,

cuando buscas tu hogar,

allí arriba, en las estrellas,

porque este lugar llamado Tierra,

parece estar quedándose sin alma.

Injusticias, maleficios, sufrimiento,

el nudo de la soga cada vez más apretado.

Cuerpos sin espíritu nos gobiernan

y entre el amasijo de destrucción,

deseas escapar a un lugar mejor.

Mas amigo mío, no es ese tu destino,

no llegamos aquí para comenzar a huir,

Llegamos a esta tierra para plantar flores,

y abrigar amablemente los corazones,

de aquellos, nuestros hermanos,

que se encuentran desesperados.

No es el camino sus guerras,

cuando nosotros somos sus muertos,

mientras ellos, hambrientos, se relamen,

sus labios llenos de sangre nuestra.

Pero entre la basura y podredumbre

que crearon aquellos sin escrúpulos,

este mundo se ha convertido,

en lugar de guerreros de luz y poetas,

ellos mismos nos convirtieron,

con su ignorancia y fanfarronería.

Plantemos sonrisas entre tantas cenizas

y allá donde los gritos surgieron,

que la indiferencia no sea justicia.

Que ellos son sólo unos pocos,

pero nosotros amigo mío,

en este mundo somos un sólo pueblo.

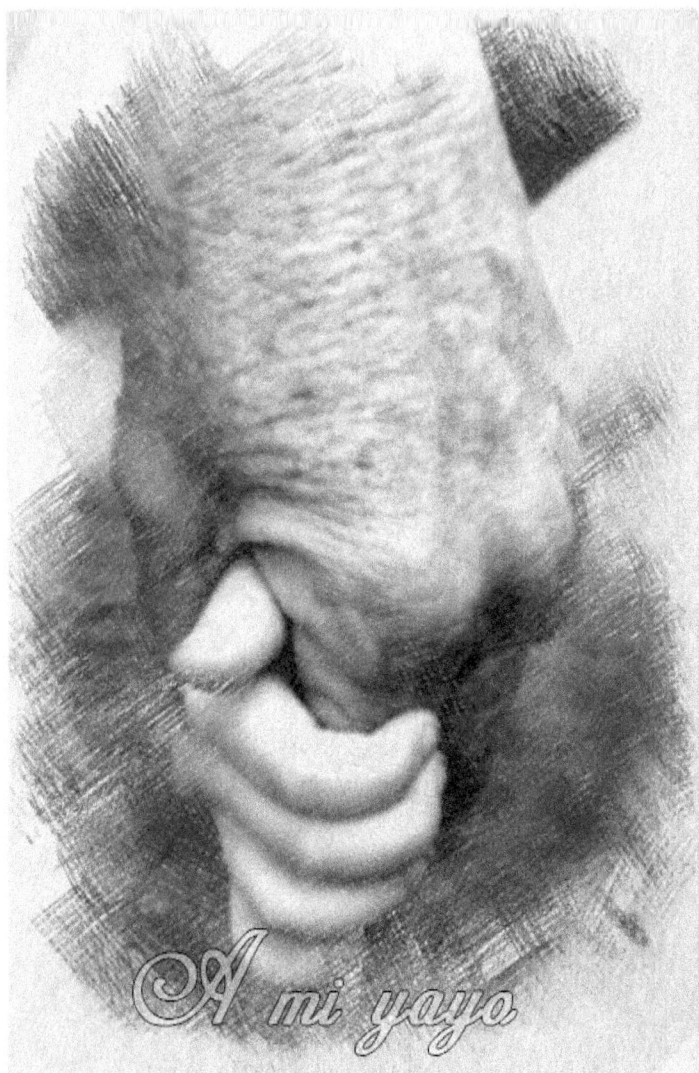

A mi yayo

"Daría tanto por volver a verte tal cual eras"

1, Perdiéndote para encontrarte, yayo...

Te noto ya ausente, y eso me da tristeza,
has sido tan grande que mi coraza se destruye
al ver que ya no recuerdas, como solías ser.
Es triste ver el deterioro de alguien que quieres.

Tus ojos ya no ven como antes solían ver,
y tus bromas tienden a desaparecer,
aún recuerdo tus canciones dedicadas,
que tantos quebraderos de cabeza me dieron.

Daría tanto por volver a verte tal cual eras,
pero la vida es dura y te atacó fuerte,
puso en ti sus macabras huellas,
el paso del tiempo, el palpitar de un corazón.

Cierro mis ojos de noche, y te veo sonreír,
en aquella salita, en nuestras hamacas,
entra el sol por la ventana, como solía hacer,
y me sonríes y me dices que estás bien.

Mi corazón trata de hacerse fuerte,

porque tarde o temprano, deberé decirte adiós,

y tú estarás sólo en mis sueños,

me acompañaras siempre, eso lo sé.

Y de algún modo tu recuerdo me hace sonreír,

porque sé que cuando me llegué la hora,

estarás ahí para acompañarme cuando cruce,

estarás mejor que ahora, y por fin, volverán las bromas.

Y me dirás que siempre estuviste allí,

esperándome en la otra habitación,

jugando al escondite, como cuando era niña,

contándole chistes a la luna, bajo la aurora.

Primera edición: Marzo de 2016
Reimpresión: Febrero de 2020
© Ana Molina Gil

Edición, maquetación, fotografía y diseño por:
Ana Molina Gil (Anna G. Morgana)

www.annagmorgana.com

ISBN: 978-84-608-6392-2

Gracias a ti, que has leído este libro, espero que en algún momento te haya podido hacer sentir con alguno de mis poemas.
Fue un placer acompañarte en el camino, espero verte pronto.

Visita mi web y descubre mis novedades literarias y eventos en:

www.annagmorgana.com

www.ingramcontent.com/pod-product-compliance
Lightning Source LLC
LaVergne TN
LVHW051640080426
835511LV00016B/2415